Nga sa Maong mga Butang Walay Kasugoan nga Kabatok

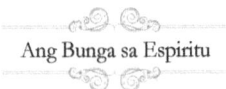

Ang Bunga sa Espiritu

Nga sa Maong mga Butang Walay Kasugoan nga Kabatok

Dr. Jaerock Lee

Nga sa Maong mga Butang Walay Kasugoan nga Kabatok ni Dr. Jaerock Lee
Gimantala sa Urim Books (Tinugyanan: Seongnam Vin)
73, Yeouidaebang-ro 22-gil, Dongjak-gu, Seoul, Korea
www.urimbooks.com

Ang tanang kinamatarung gireserba. Ang kining libro o mga bahin ngari dili mahimong ipahuwad sa bisan unsang porma, taguan sa sistema nga retrieval, o ipadala sa bisan unsang porma o sa bisan unsang paagi, sa-kuryente, sa-makina, pagpaseroks, pagtala o kon dili, kung wala'y naunang pagtugot nga gisulat gikan sa nagmantala.

Katungod Pagpanag-iyag Sinulat © 2019 ni Dr. Jaerock Lee
ISBN: 979-11-263-0519-3 03230
Ang Paghubad Katungod Pagpanag-iyag Sinulat © 2016 ni Dr. Esther K. Chung. Gigamit nga may pagtugot.

Gimantala og una sa Korean pinaagi sa Urim Books kaniadtong 2009

Naunang Gimantala Enero 2020

Gihikay pagpatik ni Geumsun Vin
Gidibuho sa Editoryal nga Buhatan sa Urim Books
Giimprinta pinaagi sa Prione Printing
Para sa dugang nga kasayuran pagduol sa: urimbook@hotmail.com

"Apan ang bunga sa Espiritu mao ang gugma, kalipay, kalinaw, pailob, pagkamapuanguron, pagkamaayo, pagkamatinumanon, kaaghop, pagpugong sa kaugalingon; nga sa maong mga butang walay kasugoan nga kabatok."

Mga Taga-Galacia 5:22-23

Paunang Pamulong

Ang mga Kristohanon makaangkon og tinuod nga kagawasan sa ilang pagpamunga sa mga bunga sa Espiritu Santo, kung hain walay kasugoan nga kabatok.

Ang tanang tawo kinahanglan nga mosunod sa mga lagda ug mga regulasyon sa gihatag kanila nga mga sirkumstansiya. Kung mabati kanila nga ang ingon nga mga kasugoan morag mga tangkol nga nagbugkos kanila, mobati sila og kabug-at ug kasakit. Ug tungod lang kay sila mobati og kabug-at kung ilang ipadayon ang pagpatuyang ug kagubot, kini dili kagawasan. Pagkahuman kanila og pagpatuyang sa maong mga butang, mahabilin lang kanila ang pagbati og kakawangan, ug sa ulahi ang kamatayong dayon lang ang naghulat kanila.

Ang tinuod nga kagawasan mao ang malibre gikan sa kamatayong dayon ug gikan sa tanang mga pagluha, kasubo, ug kasakit. Kini sab aron nga mapunggan ang orihinal nga kinaiyahan nga naghatag kanato sa maong mga butang ug aron maaangkon ang kagahum aron nga maggahum kanila. Ang Dios sa gugma dili gustong mag-antos kita sa bisan unsang paagi, ug tungod niining rasona Iyang gitala sa Biblia ang mga paagi aron nga mapangalipayan ang kinabuhing dayon ug ang tinuod nga kagawasan.

Ang mga kriminal o ang katong milapas sa kasugoan sa nasud makuyawan kung makakita sila og mga pulis. Apan ang katong nagsunod sa kasugoan og maayo dili gayud mobati og ingon niana, apan hinoon kanunay silang makapangayo og tabang sa pulis, ug mobati sila og mas luwas kauban ang pulis.

Sa samang paagi, ang katong nabuhi sa kamatuoran dili mahadlok sa bisan unsang butang ug sila mangalipay sa tinuod nga kagasawan, kay tungod sila nasayod nga ang balaod sa Dios mao ang agianan para sa mga panalangin. Mahimo silang mangalipay sa kagawasan sama sa mga balyena nga naglangoy palibot sa dagat ug sa mga agila nga naglupad sa kalangitan.

Ang balaod sa Dios daku nga makategorya ngadto sa upat ka butang. Kini nagsulti kanato nga buhaton, dili buhaton, magsunod, ug isalikway ang piho nga mga butang. Sa paglakaw sa panahon, ang kalibutan nagkadaku nga namansahan sa mga sala ug dautan, ug tungod niining rasona samot nga nagkadaku nga ang mga katawohan mobati og kabug-at mahitungod sa balaod sa Dios ug dili kini pagasundon. Ang mga katawohan sa Israel sa panahon sa Daang Kasabotan nga panahon daku nga miantus sa kaniadtong wala kanila gisunod ang Balaod ni Moises.

Busa, gipadala sa Dios si Hesus niining kalibutan ug gilibre ang tanang tawo gikan sa panunglo sa Balaod. Ang walay sala nga si Hesus namatay sa krus, ug ang bisan kinsa nga magatoo diha

Kaniya mahimong maluwas pinaagi sa pagtoo. Inig kadawat sa mga katawohan sa gasa sa Espiritu Santo pinaagi sa pagdawat kang Hesukristo, sila mahimong mga anak sa Dios, ug mahimo sab silang makapamunga sa mga bunga sa Espiritu Santo kauban ang paggiya sa Espiritu Santo.

Inig kaabot sa Espiritu Santo diha sa atong kasingkasing, tabangan kita Kaniya nga masayod sa halawom nga mga butang sa Dios ug mabuhi pinaagi sa Pulong sa Dios. Pananglitan, kung adunay usa ka tawo nga dili gayud kanato mapasaylo, Siya nagpahanumdom kanato sa pagpasaylo ug gugma sa Ginoo ug magatabang kanato nga mapasaylo kanang tawhana. Unya, madali lang kanatong masalikway ang dautan gikan sa atong kasingkasing ug mapulihan kini sa pagkamaayo ug gugma. Niining paagi, sa atong pagbunga sa mga bunga sa Espiritu Santo pinaagi sa pagggiya sa Espiritu Santo, dili lang kanato mapangalipayan ang kagawasan diha sa kamatuoran apan modawat sab sa nag-awas nga gugma ug mga panalangin sa Dios.

Pinaagi sa bunga sa Espiritu, atong masusi ang atong mga kaugalingon kung giunsa kita gipabalaan ug unsa kita kaduol nga makaadto ngadto sa trono sa Dios, ug sumala sa kung unsa kadaku kanato gipaugmad ang kasingkasing sa Ginoo kung kinsa mao ang atong pamanhonon. Sa mas kadaghanon sa bunga sa Espiritu nga atong mabunga, mas mahayag ug mas maanyag ang puy-anan nga atong masudlan. Aron nga makaadto ngadto sa Bag-ong Herusalem sa Langit, kinahanglan kanatong mabunga ang tanang mga bunga sa kapuno ug sa kaanyag, ug dili lang ang pipila ka mga bunga.

Kining buhat nga *Nga sa Maong mga Butang Walay Kasugoan nga Kabatok* magpasayod kanimo og sayon sa espirituhanon nga mga kahulogan sa siyam ka mga bunga sa Espiritu Santo kauban ang piho nga mga pananglit. Kauban ang Espirituhanon nga Gugma sa 1 Mga Taga-Corinto 13, ug ang Mga Pagkabulahan sa Mateo 5, ang mga bunga sa Espiritu Santo mga timaan sa poste nga maggiya kanato ngadto sa tarung nga pagtoo. Sila magatultol kanato hangtud nga atong maabot ang ulahi nga destinasyon sa atong pagtoo, ang Bag-ong Herusalem.

Ako nagpasamalat kang Geumsun Vin, ang direktor sa editoryal nga buhatan ug ang mga kawani, ug ako nag-ampo sa pangalan sa Ginoo nga dali kanimong mabunga ang siyam ka mga bunga sa Espiritu Santo pinaagi niining libro, aron nga mangalipay ka sa tinuod nga kagawasan ug mahimong mga mulupyo sa Bag-ong Herusalem.

Jaerock Lee

Introduksiyon

Usa ka timaan sa poste sa atong paglakaw sa pagtoo ngadto sa Bag-ong Herusalem sa Langit

Ang tanang tawo sako niining moderno nga kalibutan. Sila nagtrabaho ug nagkayod aron nga maangkon ug mapangalipayan ang daghang mga butang. Apan unya ang pipila ka mga katawohan sa gihapon adunay pipila ka mga katuyoan-sa-kinabuhi sa ilang mga kaugalingon bisan pa sa urog sa kalibutan, apan bisan kining mga katawohan sa matag panahon mahimong matingala kung sila ba tinuod nga nabuhi sa usa ka tarung nga kinabuhi. Unya sila mahimong magtan-aw og balik sa ilang mga kinabuhi nianang panahona. Sa atong paglakaw sa pagtoo, sab, mahimo kitang kusog nga magtubo ug magkuha sa laktoranan ngadto sa gingharian sa langit kung atong susihon ang atong mga kaugalingon sa Pulong sa Dios.

Kapitulo 1, 'Aron nga magbunga sa bunga sa Espiritu', nagpatin-aw mahitungod sa Espiritu Santo nga naghiuli sa patay nga espiritu, nga namatay tungod sa sala ni Adan. Kini nagsulti kanato nga mahimo kanatong dagaya nga mabunga ang mga bunga sa Espiritu Santo kung atong sundon ang mga tinguha sa

Espiritu Santo.

Kapitulo 2 'Gugma' nagsulti kanato kung mahitungod sa unsa ang unang bunga sa Espiritu, nga mao ang 'gugma'. Kini sab nagpakita og pipila ka gipabaklag nga mga porma sa gugma sukad sa pagkahagbong ni Adan, ug naghatag kanato sa mga paagi sa pagpaugmad sa gugma kung hain makapahimuot sa Dios.

Kapitulo 3, 'Kalipay' nagsulti nga ang kalipay mao ang punoan nga sukdanan kung hain atong masusi kung ang atong pagtoo ba mao ang tarung ug nagpatin-aw sa rason kung nganong nawala kanato ang kalipay sa unang gugma. Kini nagpahibalo kanato sa tulo ka mga paagi nga mabunga ang bunga sa kalipay, kung hain kita mangalipay ug managsadya sa bisan unsang klase sa mga sirkumstansiya ug mga sitwasyon.

Kapitulo 4 'Kalinaw' nag-asoy nga kini importante nga gubon ang mga paril sa mga sala aron maangkon ang kalinaw kauban ang Dios, ug nga kinahanglan kanatong alimahon ang kalinaw diha sa atong mga kaugalingon ug sa tanang tawo. Kini sab nagpasabot kanato sa kahinungdanon sa pagsulti sa mga pulong sa pagkamaayo ug paghunahuna gikan sa panan-aw sa ubang mga katawohan sa proseso sa pagbuhat og kalinaw.

Kapitulo 5 'Pailob' nagpatin-aw nga ang tinuod nga pailob dili lang nga ipaubos ang kalain sa buot apan ang magpailob kauban ang maayong kasingkasing nga libre sa dautan, ug nga kita makadawat og daku nga mga panalangin kung kita adunay tinuod nga kalinaw. Kini sab nag-utingkay sa tulo ka mga klase sa pailob: pailob aron mausab ang kasingkasing sa usa ka tawo; pailob sa mga katawohan; pailob mahitungod sa Dios.

Kapitulo 6 'Pagkamapuangoron' nagtudlo kanato kung unsang klase sa tawo ang adunay pagkamapuangoron kauban ang ehemplo sa Ginoo. Pagtan-aw ngadto sa mga kinaiya sa pagkamapuangoron, kini sab nagsulti kanato sa mga kalahian gikan sa 'gugma'. Sa katapusan, kini nagpakita kanato sa paagi aron madawat ang gugma ug mga panalangin sa Dios.

Kapitulo 7 'Kamaayo' nagsulti kanato mahitungod sa kasingkasing sa pagkamaayo kauban ang pananglit sa Ginoo nga wala magapakiglalis o magasinggit; ni mobali bisan sa bagakay nga nabasag ni mopalong bisan sa pabilo nga nagakapid-ok na. Kini sab nagsahi sa pagkamaayo gikan sa ubang mga bunga aron nga mabunga kanato ang bunga sa pagkamaayo ug magpagula sa kaamyon ni Kristo.

Kapitulo 8 'Pagkamatinumanon' nagtudlo kanato mahitungod sa klase sa mga panalangin nga atong madawat kung kita matinumanon diha sa tibuok balay sa Dios. Kauban sa mga pananglit ni Moises ug ni Jose, kini nagtugot kanato nga makasabot kung unsang klase sa tawo ang nakabunga sa bunga sa pagkamatinumanon.

Kapitulo 9 'Kaaghop' nagpatin-aw sa kahulogan sa kaaghop sa panan-aw sa Dios ug naghubit sa mga kinaiya sa katong nagbunga sa bunga sa kaaghop. Naghatag kini kanato sa ilustrasyon sa upat ka mga klase sa mga uma sumala sa kung unsa ang atong buhaton aron nga mabunga ang bunga sa kaaghop. Kini sa katapusan nagsulti kanato mahitungod sa mga panalangin para sa mga maaghop.

Kapitulo 10 'Pagpugong sa kaugalingon' nagpakita sa rason nganong ang pagpugong sa kaugalingon gihinganlan isip nga ulahi nga bunga diha sa siyam ka mga bunga sa Espiritu Santo ug ang kahinungdanon sa pagpugong sa kaugalingon. Ang bunga sa pagpugong sa kaugalingon usa ka kinahanglanon nga butang, kung hain nagkontrol sa tanang ubang walo ka mga bunga sa Espiritu Santo.

Kapitulo 11, 'Nga sa maong mga butang walay kasugoan nga kabatok' mao ang konklusyon niining libro, kung hain motabang sa pagpasabot sa kahinungdan sa pagsunod sa Espiritu Santo, ug nagpangandoy nga ang tanang mga mambabasa madali nga mahimong mga tawo sa tibuok nga espiritu pinaagi sa pagtabang sa Espiritu Santo.

Dili kita makasulti nga aduna kita'g daku nga pagtoo kay tungod lang nga kita tumuluo na sa madugay nga panahon o tungod lang kay aduna kita'g nalukop nga kahibalo sa Bilia. Ang gidak-on sa pagtoo maaninag pinaagi sa kadakuon kung hain atong gibag-o ang atong mga kasingkasing ngadto sa kasingkasing sa kamatuoran ug unsa kadaku kanatong gipaugmad ang kasingkasing sa Ginoo.

Ako naglaum nga ang tanang mambabasa mahimong masusi ang ilang pagtoo ug dagaya nga mabunga ang siyam ka mga bunga sa Espiritu Santo pinaagi sa paggiya sa Espiritu Santo.

Geumsun Vin,
Direktor sa Editoryal nga Buhatan

Mga Unod
Nga sa Maong mga Butang Walay Kasugoan nga Kabatok

Paunang Pamulong · vii

Introduksiyon · xi

Kapitulo 1
Aron nga magbunga sa bunga sa Espiritu — 1

Kapitulo 2
Gugma — 15

Kapitulo 3
Kalipay — 35

Kapitulo 4
Kalinaw — 59

Kapitulo 5
Pailob — 83

Kapitulo 6
Pagkamapuangoron — 107

Kapitulo 7
Kamaayo — 127

Kapitulo 8
Pagkamatinumanon — 149

Kapitulo 9
Kaaghop — 173

Kapitulo 10
Pagpugong sa kaugalingon — 201

Kapitulo 11
Nga sa maong mga butang walay kasugoan nga kabatok — 219

Mga Taga-Galacia 5:16-21

"Apan ako magaingon, panaggawi kamo diha sa Espiritu, ug ayaw ninyo pagtumana ang mga pangibog sa unod. Kay ang mga pangibog sa unod kasupak sa Espiritu, ug ang mga tinguha sa Espiritu kasupak sa unod; kay kining duha nagakasinupakay man ang usa sa usa, aron kamo dili makahimo sa buot ninyong pagabuhaton. Apan kon kamo ginamandoan sa Espiritu, kamo dili ilalum sa kasugoan. Ug dayag kaayo ang mga buhat sa unod nga mao kini: pakighilawas, kahugaw, kaulag, pagsimbag mga diosdios, panglamat, mga dinumtanay, mga pakigbingkil, pangabubho, kapungot, iyaiyahay, sinupakay, pundokpundok, kasina, huboghubog, hudyaka-bahakhak, ug mga butang nga maingon-ingon niini, pasidan-an ko kamo, sama sa ako nang pagpasidaan kaninyo kaniadto, nga ang mga nagabuhat sa maong mga butang dili magapanunod sa gingharian sa Dios."

Kapitulo 1

Aron nga magbunga sa bunga sa Espiritu

Ang Espiritu Santo naghiuli sa patay nga espiritu

Aron nga magbunga sa bunga sa Espiritu

Mga tinguha sa Espiritu Santo ug mga tinguha sa unod

Dili kita mawad-an og kasingkasing sa pagbuhat sa maayo

Aron nga magbunga sa bunga sa Espiritu

Kung ang mga tagmaneho mahimong magmaneho padulong sa hawan nga highway sila mobati og kapresko. Apan kung sila nagmaneho nianang duog sa unang higayon, kinahanglan kanilang mag-amping og pag-ayo ug kinahanglan nga kanunay nga alerto. Apan unsa man kung aduna sila'y sistema sa GPS nga nabigasyon sa ilang kotse? Mahimo silang makaangkon og detalyado nga impormasyon sa dalan ug eksakto nga paggiya, aron nga sila makaabot sa ilang destinasyon nga dili mawala.

Ang atong paglakaw sa pagtoo ngadto sa atong dalan padulong sa gingharian sa langit kaanggid kaayo. Para sa atong nagtoo sa Dios ug nabuhi pinaagi sa Iyang Pulong, ang Espiritu Santo magapanalipod kanila ug maggiya kanila og una aron nga makalikay sila sa daghang mga kabilinggan ug mga kalisud sa kinabuhi. Ang Espiritu Santo maggiya kanato sa pinakamubo ug pinakasayon nga dalan ngadto sa atong destinasyon, ang gingharian sa langit.

Ang Espiritu Santo naghiuli sa patay nga espiritu

Ang unang tawo, nga si Adan, usa ka buhi nga espiritu sa kaniadtong giporma siya sa Dios ug gihuypan ngadto sa iyang mga buho sa ilong sa gininhawa sa kinabuhi. Ang 'gininhawa sa kinabuhi' mao ang 'gahum nga nasulod sa orihinal nga kahayag' ug kini gipasa ngadto sa mga kaliwat ni Adan samtang sila nagpuyo sa Tanaman sa Eden.

Apan, sa kaniadtong gibuhat ni Adan ug ni Eba ang sala sa pagkamasupilon ug gipagawas niining yuta, ang mga butang dili na hisama. Gikuha sa Dios ang kadaghanan sa gininhawa sa kinabuhi gikan kang Adan ug kang Eba ug mibilin lang og inagian niini, ug mao kini ang 'binhi sa kinabuhi'. Ug kining binhi sa kinabuhi dili mahimong mapasa gikan kang Adan ug kang Eba ngadto sa ilang mga anak.

Busa, sa ikaunom nga bulan sa pagkamabdos, ibutang sa Dios ang binhi sa kinabuhi sa espiritu sa bata ug ibutang kini sa nucleus sa usa ka selyula nga anaa diha sa kasingkasing, kung hain mao ang kauyokan nga bahin sa usa ka tawo nga linalang. Sa kaso sa katong wala modawat kang Hesukristo, ang binhi sa kinabuhi nahibilin nga dili-aktibo sama sa usa ka binhi nga gitabunan sa usa ka gahi nga kabhang. Samtang ang espiritu nahibilin nga patay, ang usa ka tawo dili mahimong makaangkon og kinabuhing dayon o makaadto sa langitnon nga gingharian.

Sukad sa pagkahagbong ni Adan, ang tanang mga tawo nga linalang gitagana nga mamatay. Para kanila nga makaangkon usab og kinabuhing dayon, kinahanglan kanilang mapasaylo sa ilang mga sala, kung hain mao ang orihinal nga hinungdan sa kamatayon, ug ang ilang patay nga espiritu kinahanglan nga mahiuli. Alang niining rasona gipadala sa Dios sa gugma ang iyang bugtong nga Anak nga si Hesus niining yuta ingon nga halad pasig-uli ug giablihan ang dalan sa kaluwasan. Kana mao nga, gikuha ni Hesus ang tanang mga sala sa tibuok nga katawohan ug namatay sa krus aron nga mahiuli ang atong patay nga espiritu. Nahimo Siya nga mao ang dalan, ang kamatuoran, ug ang kinabuhi para ang tanang mga katawohan makaangkon sa kinabuhing dayon.

Busa, inig dawat kanato kang Hesukristo isip nga atong personal nga Manluluwas, ang atong mga sala gipasaylo; nahimo kitang mga anak sa Dios ug madawat ang gasa sa Espiritu Santo. Kauban ang gahum sa Espiritu Santo, ang binhi sa kinabuhi, kung hain nahibilin nga tulog kay gitabunan sa usa ka gahi nga kabhang, mapukaw ug mahimong aktibo. Mahitungod niini ang Juan 3:6 nagsulti nga, *"... ug ang gianak sa Espiritu, espirutu man."* Ang usa ka binhi nga miturok magatubo lang kung kini gisuplayan sa tubig og sinadlaw. Sa samang paagi, ang binhi sa kinabuhi kinahanglan nga hatagan og espirituhanon nga tubig ug kahayag aron nga kini magtubo pagkahuman niini og turok. Kana mao nga, aron nga mapatubo kanato ang atong espiritu, kinahanglan kanatong tun-an ang Pulong sa Dios, kung hain mao ang espirituhanon nga tubig, ug kinahanglan kanatong molihok pinaagi sa Pulong sa Dios, kung hain mao ang espirituhanon nga kahayag.

Ang Espiritu Santo nga mianha dinha sa atong mga kasingkasing magpahibalo kanato mahitungod sa sala, kamatarung, ug paghukom. Motabang Siya sa pagsalikway sa mga sala ug kalapasan ug mabuhi sa pagkamatarung. Siya mohatag kanato sa gahum aron nga kita makahunahuna, makasulti, ug makalihok diha sa kamatuoran. Siya sab motabang kanato nga magdala sa usa ka kinabuhi sa pagtoo nga mag-angkon sa pagtoo ug paglaum alang sa langitnon nga gingharian, aron nga ang atong espiritu magtubo og maayo. Tugoti ko nga maghatag kanimo sa usa ka ilustrasyon aron nga masabtan og maayo.

Kunohay adunay usa ka bata nga gipadaku sa usa ka malipayon nga pamilya. Usa ka adlaw misaka siya sa usa ka bukid nga nagtanaw sa talan-awon, siya misinggit, "Yahoo!" Apan unya, adunay usa ka tawo nga mitubag kaniya og eksakto sa samang paagi nga nagsultig, "Yahoo!" Sa katingala, ang bata nangutana, "Kinsa ka man?" ug ang usa misubli kaniya. Nasuko ang bata kay katong tawhana nagsundogon kaniya, ug siya miingon, "Ikaw ba nagsulay og pangaway kanako?" ug ang samang mga pulong ang mibalik kaniya. Sa kalit iyang nabati nga adunay nagbantay kaniya ug nakuyawan.

Siya milugsong dayon gikan sa bukid ug misulti sa iyang inahan mahitungod niini. Siya miingon, "Ma, adunay tinuod nga dautan nga tawo sa kabukiran." Apan ang iyang inahan misulti kauban ang maaghop nga pahiyom, "Ako naghunahuna nga ang bata sa kabukiran maayo nga bata, ug mahimo siyang imong higala. Nganong dili ka man mobalik sa bukid ugma og usab ug moingon nga nagbasol ka?" Sa sunod nga ugma ang bata misaka sa tumoy sa bukid og usab ug misinggit sa makusog nga tingog, "Nagbasol ko alang gahapon! Mahimo ba kang akong higala?" Ang samang tubag ang mibalik.

Ang inahan mitugot sa iyang batan-on nga anak nga maamgohan kung unsa kini sa iyang kaugalingon. Ug ang Espiritu Santo motabang kanato sa atong paglakaw sa pagtoo nga morag maaghop nga inahan.

Aron nga magbunga sa bunga sa Espiritu

Kung ang usa ka binhi mapugas, kini moturok, motubo, ug mobulak, ug human sa bulak, adunay mogawas nga sangpotanan, nga mao ang bunga. Sama niini, kung ang binhi sa kinabuhi diha kanato nga gitanom sa Dios mangudlot pinaagi sa Espiritu Santo, kini motubo ug magbunga sa mga bunga sa Espiritu Santo. Bisan pa niana, dili ang tanan nga nidawat sa Espiritu Santo magbunga sa mga bunga sa Espiritu Santo. Mahimo kita magbunga sa bunga sa Espiritu kung magsunod lang kita sa paggiya sa Espiritu Santo.

Ang Espiritu Santo mahimo nga mahisama sa usa ka power

generator. Ang kuryente mapagawas kung modagan ang generator. Kung kining generator konektado sa usa ka bombilya sa suga ug naghatag sa kuryente, ang bombilya mosiga. Kung adunay kahayag, ang kangitngit mawala. Sa samang paagi, kung ang Espiritu Santo motrabaho diha kanato, ang kangitngit diha kanato mawala kay ang kahayag moanha diha sa atong kasingkasing. Unya, makabunga kita sa mga bunga sa Espiritu Santo.

Lain pay ako, adunay usa ka mahinungdanon nga butang nganhi. Para nga mosiga ang bombilya, ang pagkonekta niini sa generator dili makabuhat og bisan unsang butang. Kinahanglan adunay mopadagan sa generator. Ang Dios mihatag kanato sa generator nga gitawag Espiritu Santo, ug kita ang maong kinahanglan mopadagan niining generator, ang Espiritu Santo.

Para mapadagan kanato ang generator sa Espiritu Santo, kinahanglan nga kanunay kitang alerto ug mainiton nga mag-ampo. Kinahanglan sab kanatong motuman sa paggiya sa Espiritu Santo nga mosunod sa kamatuoran. Kung mosunod kita sa paggigya ug pag-awhag sa Espiritu Santo, atong maingon nga kita nagsunod sa mga tinguha sa Espiritu Santo. Mapuno kita sa Espiritu Santo kung kita makugihon nga mosunod sa mga tinguha sa Espiritu Santo, ug sa pagbuhat niini, ang atong mga kasingkasing mabag-o sa kamatuoran. Makabunga kita sa bunga sa Espiritu Santo sa atong pagkuha sa pagkapuno sa Espiritu Santo.

Kung atong isalikway ang tanang makakasala nga mga kinaiya gikan sa atong kasingkasing ug magpaugmad sa usa ka kasingkasing sa espiritu kauban ang tabang sa Espiritu Santo, ang mga bunga sa Espiritu Santo magsugod og pakita sa ilang mga porma. Apan sama sa kapaspas sa pagkahinog ug kadakuon sa mga ubas sa pareho nga hugpong nagkalainlain, ang pipila ka mga bunga sa Espiritu Santo mahimong tibuok nga mahinog samtang ang ubang mga bunga sa Espiritu Santo dili. Ang usa mahimong mabunga ang bunga sa gugma og dagaya samtang ang iyang bunga sa pagpugong sa kaugalingon dili igo ang kahinog. O, ang bunga sa usa sa pagkamatinumanon tibuok nga nahinog samtang ang iyang bunga sa kaaghop dili.

Bisan pa niana, sa paglakaw sa panahon, ang matag usa sa mga ubas mahinog og hingpit, ug ang tibuok nga hugpong daku nga mapuno, sulop nga tapol nga mga ubas. Sama niini, kung mabunga kanato ang tanang mga bunga sa Espiritu Santo sa kapuno, kini nagkahulogan nga kita nahimong usa ka tawo nga tibuok ang espiritu, kung kinsa ang Dios nagpangandoy og maayo nga maangkon. Ang ingon nga mga katawohan magpagula sa kaamyon ni Kristo sa matag aspeto sa ilang mga kinabuhi. Ilang tin-aw nga madungog ang tingog sa Espiritu Santo ug magpadayag sa gahum sa Espiritu Santo aron maghatag og himaya sa Dios. Kay sila hingpit nga kaanggid sa Dios, sila hatagan sa mga kwalipikasyon aron makasulod ngadto sa Bag-ong Herusalem, kung asa anaa ang trono sa Dios.

Mga tinguha sa Espiritu Santo ug mga tinguha sa unod

Kung sulayan kanatong mosunod sa tinguha sa Espiritu Santo, adunay usa pa ka klase sa tinguha nga magkanukay kanato. Kini mao ang tinguha sa unod. Ang mga tinguha sa unod mosunod sa mga kabakakan, kung hain mao ang atbang sa Pulong sa Dios. Sila magpabuhat kanatong kuhaon ang mga butang ingon sa kaibog sa unod, kaibog sa mata, ug andakan nga garbo sa kinabuhi. Sila sab nagpabuhat kanato og mga sala ug magbuhat sa pagkadilimatarung ug kalapasan.

Bag-o lang, usa ka tawo mianha kanako nga naghangyo nga mag-ampo para kaniya nga siya mobiya sa pagtan-aw og malaw-ay nga mga materyales. Siya miingon, sa katong siya misugod og tanaw niadtong mga butanga, kini dili aron mangalipay kanila apan aron masabtan kung giunsa sa ingon nga mga butang makaapekto sa mga tawo. Apan pagkahuman kaniya og tan-aw niini og kausa, siya kanunay nga gipahanumdom niadtong mga eksena ug gigusto kaniyang tan-awon sila'g usab. Apan sa sulod, ang Espiritu Santo miawhag kaniya nga dili buhaton, ug siya mibati og kasamok.

Niining kasoha, ang iyang kasingkasing nagubot pinaagi sa kaibog sa mga mata, nga mao ang mga butang nga iyang nakita ug nadungog pinaagi sa iyang mga mata ug mga dunggan. Kung dili kanato putlon kining kaibog sa unod apan padayon nga modawat kanila, kita sa madali mokuha sa kabakakan nga mga butang kaduha, katulo, ug kaupat ka beses, ug ang ihap magpadayon og kadaku.

Para niining rasona ang Mga Taga-Galacia 5:16-18 nagsulti nga, *"Apan ako magaingon, panaggawi kamo diha sa Espiritu, ug ayaw ninyo pagtumana ang mga pangibog sa unod. Kay ang mga pangibog sa unod kasupak sa Espiritu, ug ang mga tinguha sa Espiritu kasupak sa unod; kay kining duha nagakasinupakay man ang usa sa usa, aron kamo dili makahimo sa buot ninyong pagabuhaton. Apan kon kamo ginamandoan sa Espiritu, kamo dili ilalum sa kasugoan."*

Sa usa ka bahin, kung kita mosunod sa mga tinguha sa Espiritu Santo, kita adunay kalinaw diha sa atong kasingkasing ug kita malipay kay ang Espiritu Santo nangalipay. Sa pikas nga bahin, kung kita mosunod sa mga tinguha sa unod, ang atong kasingkasing masamok kay ang Espiritu Santo nagkasubo diha kanato. Usab, mawala kanato ang kapuno sa Espiritu, busa kini mahimong magkadaku ang kalisud nga mosunod sa mga tinguha sa Espiritu Santo.

Si Pablo mihisgot mahitungod niini sa Mga Taga-Roma 7:22-24 nga nagsulti nga, *"Kay sa kinasuloran sa akong pagkatawo ginakalipay ko ang kasugoan sa Dios, apan dinhi sa mga bahin sa akong lawas nakita ko ang laing balaod, nga nagapakigaway batok sa balaod sa akong salabutan ug nagahimo kanakong binihag ngadto sa balaod sa sala nga nagalublob sa sulod sa mga bahin sa akong lawas. Alaut ako nga tawo! Kinsay mopagawas kanako gikan niining lawasa nga iya sa kamatayon?"* Sumala sa kung kita ba mosunod sa mga tinguha sa Espiritu Santo o sa katong sa unod, kita mahimong mga anak sa Dios nga naluwas o mga anak sa kangitngit nga magkuha sa dalan sa kamatayon.

Ang Mga Taga-Galacia 6:8 nagsulti nga, *"Kay ang magapugas alang sa iyang kaugalingong unod, gikan sa unod magaani siyag pagkadunot, apan ang magapugas alang sa Espiritu, gikan sa Espiritu magaani siyag kinabuhing dayon."* Kung kita mosunod sa mga tinguha sa unod, kita magbuhat lang sa mga buhat sa unod, kung hain mao ang mga sala ug mga kalapasan, ug sa ulahi kita dili mosulod sa gingharian sa langit (Mga Taga-Galacia 5:19-21). Apan kung kita mosunod sa mga tinguha sa Espiritu Santo, kita magbunga sa siyam ka mga bunga sa Espiritu Santo (Mga Taga-Galacia 5:22-23).

Dili kita mawad-an og kasingkasing sa pagbuhat sa maayo

Magbunga kita sa bunga sa Espiritu Santo ug mahimong tinuod nga mga anak sa Dios sa kadakuon nga kita maglihok kauban ang pagtoo, nga nagsunod sa Espiritu Santo. Sa kasingkasing sa mga tawo, bisan pa niana, adunay mga kasingkasing sa kamatuoran ug kasingkasing sa kabakakan. Ang kasingkasing sa kamatuoran magadala kanato nga magsunod sa mga tinguha sa Espiritu Santo ug mabuhi pinaagi sa Pulong sa Dios. Ang kasingkasing sa kabakakan magpabuhat kanato nga mosunod sa mga tinguha sa unod ug mabuhi sa kangitngit.

Pananglitan, ang pagpabilin nga balaan sa Adlaw sa Ginoo usa sa Napulo ka mga Sugo nga kinahanglan sundon sa mga anak sa Dios. Apan ang usa ka tumuluo nga adunay tindahan ug maluya ang pagtoo mahimong mag-angkon og kasumpakian sa iyang kasingkasing nga naghunahuna nga mawala kaniya ang iyang ginansiya kung siya manira sa iyang tindahan matag Dominggo. Nganhi, ang mga tinguha sa unod magpahunahuna kaniya nga, 'Unsa man kung imong isira ang tindahan kausa sa duha ka semana? O, unsa man kung motambong ko sa buntag sa Dominggo nga pag-alagad ug ang akong asawa motambong sa gabii nga pag-alagad aron nga magpuli-puli mi sa tindahan?' Apang ang mga tinguha sa Espiritu Santo motabang kaniya nga magtuman sa Pulong sa Dios pinaagi sa paghatag kaniya og pagkasayod sama sa, "Kung akong ipabilin nga balaan ang Adlaw sa Ginoo, ang Dios mohatag kanako og mas daghang ginansiya kaysa kung ako moabli sa tindahan matag Dominggo."

Ang Espiritu Santo motabang sa atong kaluyahon ug mao ang manguna sa pagpangamuyo alang kanato uban ang laglum nga mga pag-agulo nga dili arang malitok sa pulong (Mga Taga-Roma 8:26). Kung atong buhaton ang kamatuoran nga nagsunod niining tabang sa Espiritu Santo, maangkon kanato ang kalinaw diha sa atong kasingkasing, ug ang atong pagtoo magtubo matag adlaw.

Ang Pulong sa Dios nga gisulat sa Biblia mao ang kamatuoran nga dili gayud magbag-o; kini mao ang pagkamaayo sa iyang kaugalingon. Kini mohatag og kinabuhing dayon sa mga anak sa Dios, ug kini mao ang kahayag nga mogiya kanila aron mangalipay sa walay katapusan nga kalipay ug kasadya. Ang mga anak sa Dios nga gigiyahan sa Espiritu Santo kinahanglan nga ilansang ang unod kauban ang ilang pagbati ug mga tinguha. Kinahanglan sab nila nga magsunod sa mga tinguha sa Espiritu Santo sumala sa Pulong sa Dios ug dili mawad-an og kasingkasing sa pagbuhat sa maayo.

Ang Mateo 12:35 nagsulti nga, *"Ang maayong tawo magapagulag maayo gikan sa iyang maayong bahandi; apan ang dautang tawo magapagulag dautan gikan sa iyang dautang bahandi."* Busa, kinahanglan kanatong isalikway ang dautan gikan sa atong kasingkasing pinaagi sa madilaabon nga pag-ampo ug magpadayon sa pagtipig sa maayo nga mga buhat.

Ug ang Mga Taga-Galacia 5:13-15 nagsulti nga, *"Kay kamo mga igsoon, gipanagtawag ngadto sa kagawasan; mao lamang nga dili ninyo paggamiton ang inyong kagawasan ingon nga pasangil sa pagtagbaw sa lawas, kondili nga pinaagi sa gugma mag-inalagaray kamo ang usa sa usa. Kay ang tibuok nga kasugoan nalangkob diha sa usa ka sulti, nga mao kini, 'Higugmaa ang imong silingan ingon nga imong kaugalingon.' Apan kon kamo magpinahitay ug magtinukbanay ang usa sa usa, magbantay lang kamo nga dili kamo mangaut-ut pinaagi sa usa ug usa,"* ug ang Mga Taga-Galacia 6:1-2 mabasa nga, *"Mga igsoon, kon ang usa ka tawo mahiligas ngadto sa kalapasan, kamong mga espirituhanon mao ang magpahiuli kaniya uban sa espiritu sa kalomo; palandunga ang imong kaugalingon, basi ikaw matintal usab. Magyayongay kamo sa mga kabug-at sa usa ug usa, ug sa ingon niana tumana ang kasugoan ni Kristo."*

Kung atong sundon ang ingon nga mga Pulong sa Dios sama sa ibabaw, mabunga kanato ang bunga sa Espiritu Santo og dagaya ug mahimong mga tao sa espiritu ug tibuok espiritu. Nan, madawat kanato ang tanang butang nga atong pangayuon sa atong pag-ampo ug magsulod ngadto sa Bag-ong Herusalem sulod sa dayong gingharian sa langit.

1 Juan 4:7-8

"Mga hinigugma, maghigugmaay kita ang usa sa usa,

kay ang gugma iya sa Dios;

ug siya nga nagahigugma gipanganak sa Dios ug nakaila sa Dios.

Siya nga wala magahigugma wala makaila sa Dios;

kay ang Dios gugma man."

Kapitulo 2

Gugma

Ang pinakataas nga lebel sa espirituhanon nga gugma
Ang unodnon nga gugma magbag-o sa paglabay sa panahon
Ang espirituhanon nga gugma mohatag sa iyang kaugalingong kinabuhi
Tinuod nga gugma ngadto sa Dios
Aron nga mabunga ang bunga sa gugma

Gugma

Ang gugma sobra kagamhanan kaysa unsang sarang nga mahanduraw sa mga katawohan. Kauban ang kagahum sa gugma, mahimo kanatong maluwas ang katong unta gibiyaan sa Dios ug padulong sa dalan sa kamatayon. Ang gugma mahimong makahatag kanila og kalig-on ug pagdasig. Kung atong tabunan ang mga sayop sa ubang mga katawohan kauban sa gahum sa gugma, makahibulong nga mga pagbag-o ang mahitabo ug daku nga mga panalangin ang igahatag, kay ang Dios nagtrabaho taliwala sa kamaayo, gugma, kamatuoran, ug katarung.

Usa ka piho nga pundok sa panukiduki sa sosyolohiya mibuhat og usa ka pagtuon sa 200 ka mga estudyante, nga anaa sa kabus nga mga palibot sa siyudad sa Baltimore. Ang pundok mihukom nga kining mga estudyante adunay gamay nga higayon ug gamay nga paglaum sa kalamposan. Apan sila mibuhat og pipila ka pagsunod nga panukiduki sa parehong mga estudyante pagkahuman sa 25 ka tuig, ug ang salangpotan makahibulong. 176 sa 200 nahimong malamposon nga mga indibiduwal sa sosyedad isip nga mga abogado, mga medikal nga doktor, mga magwawali, o mga negosyante. Lagi ang mga tigpanukiduki nangutana kanila kung giunsa kanila pagbuntog sa ingon nga dili paborable nga kalikopan nga sila nahisakop, ug silang tanan mihisgot sa pangalan sa usa ka partikular nga manunudlo. Kining manunudlo gipangutana kung giunsa kaniya pagbuhat nga mahimo ang ingon nga makahibulong nga pagbag-o ug siya miingon nga, "Gihigugma ko lang sila, ug nakahibalo sila niini."

Karon, unsa man ang gugma, ang unang bunga sa siyam ka mga bunga sa Espiritu Santo?

Ang pinakataas nga lebel sa espirituhanon nga gugma

Sa kasagaran ang gugma mahimong makategorya ngadto sa unodnon nga gugma ug espirituhanon nga gugma. Ang unodnon nga gugma magpangita sa kinaugalingong benepisyo. Kini walay pulos nga gugma nga mabag-o sa paglabay sa panahon. Ang espirituhanon nga gugma, bisan pa niana, magpangita sa benepisyo sa uban ug kini dili gayud magbag-o sa bisan unsang sitwasyon. Ang 1 Mga Taga-Corinto 13 nagpatin-aw mahitungod niining espirituhanon nga gugma sa detalye.

> *"Ang gugma mapailobon, ang gugma mapuangoron ug dili masinahon; ang gugma dili tigpagawal ug dili tigpaburot, dili bastos; dili maakop-akopon, dili masuk-anon dili maligotguton, wala magakalipay sa mga buhat nga dili matarung, hinonoa nagakalipay kini sa mga butang nga maminatud-on; mopailob sa tanang mga butang, motoo sa tanang mga butang, molaum sa tanang mga butang, moantus sa tanang mga butang"* (bb. 4-7).

Unsa man, unya, ang kalahian sa bunga sa gugma sa Mga Taga-Galacia 5 ug sa espirituhanon nga gugma sa 1 Mga Taga-Corinto 13? Ang gugma isip nga usa ka bunga sa Espiritu Santo naglakip sa sakripisyo nga gugma kung hain ang usa ka tawo mahimong mahatag ang iyang kaugalingong kinabuhi. Kini mao ang gugma nga anaa sa usa ka mas hataas nga lebel kaysa gugma sa 1 Mga Taga-Corinto 13. Kini mao ang pinakataas nga lebel sa espirituhanon nga gugma.

Kung mabunga kanato ang bunga sa gugma ug mahimong masakripisyo ang atong mga kinabuhi para sa uban, nan mahimo kanatong higugmaon ang bisan unsang butang ug bisan kinsa. Gihigugma kita sa Dios kauban ang tanang butang ug gihigugma kita sa Ginoo kauban ang tibuok Kaniyang kinabuhi. Kung anaa diha kanato kining gugma, mahimo kanatong masakripisyo ang atong mga kinabuhi alang sa Dios, sa Iyang gingharian, ug sa Iyang pagkamatarung. Dugang pa, kay atong gihigugma ang Dios, mahimo sab kanatong maangkon ang pinakataas nga lebel sa gugma aron nga mahatag ang atong mga kinabuhi dili lang para sa ubang mga kaigsoonan apan usab bisan pa para sa mga kaaway nga nagdumot kanato.

Ang 1 Juan 4:20-21 nagsulti nga, *"Kon adunay magaingon, 'Ako nagahigugma sa Dios,' apan nagadumot sa iyang igsoon, nan, kini siya bakakon; kay siya nga wala maghigugma sa iyang igsoon nga iya rang makita, dili gayud makahimo sa paghigugma sa Dios nga wala niya makita. Ug gikan Kaniya nabatonan ta kining maong sugo, nga ang nagahigugma sa Dios kinahanglan magahigugma sa iyang igsoon usab."* Busa, kung nagahigugma kita sa Dios, atong higugmaon ang tanang tawo. Kung kita nagsulti nga nagahigugma kita sa Dios samtang nagdumot sa usa ka tawo, kini usa ka pamakak.

Ang unodnon nga gugma magbag-o sa paglapas sa panahon

Kaniadtong gibuhat sa Dios ang unang tawo, nga si Adan, gihigugma siya sa Dios kauban ang espirituhanon nga gugma. Mibuhat Siya og maanyag nga tanaman ngadto sa sidlakan, sa Eden ug gitugotan siya nga mopuyo ngadto nga walay kakulang sa bisan unsang butang. Milakaw ang Dios kauban kaniya. Mihatag ang Dios kaniya dili lang ang Tanaman sa Eden, kung hain usa ka maayo kaayo nga dapit nga puy-anan, apan usab ang kagamhanan nga magadumala ug magahari sa ibabaw sa tanang butang niining yuta sab.

Mihatag ang Dios kang Adan sa nag-awas nga espirituhanon nga gugma. Apan, dili tinuod nga mabati ni Adan ang gugma sa Dios. Wala gayud sa Adan nakasinati sa pagdumot o unodnon nga gugma nga magbag-o, busa wala kaniya maamgohan kung unsa kabilihon ang gugma sa Dios. Human sa paglabay sa taas kaayo nga panahon, natintal sa Adan pinaagi sa serpente ug misupak sa Pulong sa Dios. Mikaon siya sa bunga nga gidili sa Dios (Genesis 2:17; 3:1-6).

Isip nga salangpotan, ang sala mianha sa kasingkasing ni Adan, ug siya nahimong usa ka tawo sa unod nga dili na mahimong makig-istorya sa Dios. Dili na siya mahimong papuy-on sa Dios sa Tanaman sa Eden sab, ug siya gipapahawa padulong niining yuta. Samtang sila miagi sa pagpaugmad sa tawo (Genesis 3:23), ang tanang tawo nga mga linalang, nga mao ang mga kaliwat ni Adan, nahibaloan ug nasinati og pag-ayo pinaagi sa pagsinati sa atbang nga mga butang sa gugma nga nahibaloan sa Eden, ang ingon sa kadumot, kasina, mga kasakit, kasubo, sakit ug kadaot. Sa kasamtangan sila nagkasamot nga mipalayo gikan sa espirituhanon nga gugma. Sa pagkadunot sa ilang mga kasingkasing ngadto sa unodnon nga mga kasingkasing tungod sa mga sala ang ilang gugma nahimong unodnon nga gugma.

Daghan kaayong panahon ang milabay sukad sa pagkahagbong ni Adan, ug karong adlawa, kini mas samot nga lisud kaayo sa pagpangita sa espirituhanon nga gugma niining kalibutan. Ang mga katawohan nagpakita sa ilang mga gugma sa nagkadaiya nga mga paagi, apan ang ilang gugma unodnon lang nga gugma nga magbag-o sa paglabay sa panahon. Sa paglabay sa panahon ug sa pagbag-o sa mga sitwasyon ug mga kondisyon, nabag-o kanila ang ilang mga hunahuna ug miluib sa ilang mga hinigugma nga nagsunod sa ilang kaugalingong benepisyo. Sila sab maghatag lang kung ang uban mohatag og una o kung ang paghatag makabenepisyo kanila. Kung gusto kanimong modawat balik sa gidaghanon sa imong gihatag, o kung mapalaw ka kung ang uban dili maghatag og balik sa kung unsang imong gidahom, kini sab unodnon nga gugma.

Kung ang usa ka lalaki ug usa ka babaye magpanguyab, mahimo silang mosulti nga sila, 'mohigugma sa usag usa sa kahangtoran' ug nga sila 'dili mabuhi kung wala ang usag usa. Apan, sa daghang mga kaso sila magbag-o sa ilang mga hunahuna pagkahuman og kasal. Sa paglabay sa panahon, magsugod sila og kakita sa usa ka butang nga dili kanila nagustohan sa ilang esposo. Sa miagi, ang tanang butang maayo tan-awon ug sila misulay nga magpahimuot sa ilang pares sa tanang mga butang, apan sila dili na mahimong buhaton kana. Sila nagmugtok ug maghatag og kalisdanan sa usag usa. Mahimo silang masuko kung ang ilang esposo dili magbuhat sa kung unsay gusto kanila. Sa duha ka dekada lang nga miagi, ang diborsyo usa ka talagsaon nga hinabo, apan karon ang diborsyo sayon ra kaayo mabuhat ug sa madali pagkahuman sa diborsyo kini morag magpakasal usab ang daghan sa uban. Apan unya, sila mosulti nga sa matag panahon ilang gihigugma ang ilang pares og tinuod. Kini usa ka tipikal nga unodnon nga gugma.

Wala kaayo og kalainan ang gugma taliwala sa mga ginikanan ug mga anak. Lagi, ang pipila ka mga ginikanan mohatag sa ilang mga kinabuhi para sa ilang mga anak, apan bisan pa kung buhaton kini kanila, kini dili espirituhanon nga gugma kung ilang ihatag ang ingon nga gugma sa ila lang kaugalingong mga anak. Kung aduna kitay espirituhanon nga gugma, mahimo kanatong ihatag ang ingon nga gugma dili lang sa atong kaugalingong mga anak apan sa tanang tawo. Apan sa pagkahimog mas dautan sa kalibutan, kini talagsaon nga makakita og mga ginikanan nga mahimong magsakripisyo sa ilang mga kinabuhi bisan pa sa ilang kaugalingong mga anak. Daghang mga ginikanan ug mga anak adunay pagdumot tungod sa pipila ka mga benepisyo sa kuwarta o tungod sa mga kasungian sa mga opinyon.

Unsa man ang gugma taliwala sa mga managsoon o mga higala? Daghang mga managsoon nga nahimong mga magkaaway kung sila nalambigit sa pipila ka mga kuwarta nga butang. Ang samang butang nahinabo og kanunay sa mga higala. Sila nahagugma sa usag usa kung ang mga butang maayo ug kung sila mouyon sa usa ka butang. Apan ang ilang gugma mahimong mabag-o sa bisan unsang panahona kung ang mga butang mahimong hilain. Usab, sa kadaghanang mga kaso, ang mga katawohan gustong modawat og balik sa gidaghanon sa ilang gihatag. Kung sila mabination, mahimo silang mohatag nga dili gustong adunay bisan unsang butang nga ibalik. Apan sa pagkabugnaw sa pagbati, sila magbasol sa katinuoran nga sila mihatag apan wala modawat og balik sa bisan unsang butang. Kini nagkahulogan, bisan pa niana, gusto kanila og usa ka butang og balik. Kining klase sa gugma mao ang unodnon nga gugma.

Ang espirituhanon nga gugma mohatag sa iyang kaugalingong kinabuhi

Kini makairog kung ang usa ka tawo mohatag sa iyang kaugalingong kinabuhi alang sa usa ka tawo nga iyang hinigugma. Apan, kung nakahibalo kita nga atong ihatag ang atong kaugalingong kinabuhi para sa usa ka tawo kini lisud para kanato nga higugmaon kanang tawhana. Niining paagiha ang gugma sa tawo nalimitahan.

Adunay usa ka hari kaniadto nga adunay matahum nga anak nga lalaki. Sa iyang gingharian, adunay usa ka notado nga mamumuno nga gisentensiyahan nga mamatay. Ang paagi lang para nianang sinilotan nga mabuhi mao nga adunay usa ka tawo nga inosente nga mopuli kaniya nga mamatay. Nganhi, mahimo bang mahatag sa hari ang iyang inosente nga anak nga lalaki para nianang mamumuno? Ang ingon nga butang wala gayud mahinabo sa tibuok nga panahon sa kasaysayan sa tawo. Apan ang Dios nga Magbubuhat, nga dili makumpara sa bisan unsang hari niining yuta, mihatag sa Iyang kaugalingong Anak alang kanato. Niana kadaku ang Iyang gugma kanato (Mga Taga-Roma 5:8).

Tungod sa sala ni Adan, ang tanang katawohan kinahanglan nga moadto padulong sa dalan sa kamatayon aron nga magbayad sa suhol sa sala. Aron maluwas ang katawohan ug dal-on sila ngadto sa Langit, ang ilang problema sa sala kinahanglan nga maresolba. Aron nga masulbad kining problema sa sala nga mitindog taliwala sa Dios ug sa katawohan, ang Dios mipadala sa Iyang bugtong nga Anak nga si Hesus aron magbayad sa presyo alang sa ilang sala.

Ang Mga Taga-Galacia 3:13 nagsulti nga, *"Matinunglo ang matag-usa nga pagabitayon diha sa kahoy."* Si Hesus gibitay sa kahoy nga krus aron nga kita mabuy-an gikan sa panunglo sa kasugoan nga nagsulti nga, *"Ang suhol gikan sa sala mao ang kamatayon"* (Mga Taga-Roma 6:23). Usab, kay tungod walay kapasayloan kung walay pagpaagas sa dugo (Ang Mga Hebreohanon 9:22), Iyang gipaagas ang tanan Kaniyang tubig ug dugo. Midawat si Hesus sa mga pagsilot sa baylo sa atong lugar, ug bisan kinsa nga motoo Kaniya mahimong mapasaylo sa ilang mga sala ug mag-angkon sa kinabuhing dayon.

Nakahibalo ang Dios nga ang mga makakasala molutos ug mobiaybiay, ug sa ulahi molansang kang Hesus, nga mao ang Anak sa Dios. Bisan pa niana, aron nga maluwas ang makakasala nga rasa sa tawo nga gitagana nga mahagbong ngadto sa kamatayong dayon, ang Dios mipadala kang Hesus niining yuta.

Ang 1 Juan 4:9-10 nagsulti nga, *"Ang gugma sa Dios gipadayag dinhi kanato pinaagi niini, nga gipadala sa Dios ang iyang bugtong nga Anak nganhi sa kalibutan, aron kita mabuhi pinaagi Kaniya. Niini ania ang gugma, dili nga kita nahigugma sa Dios kondili nga Siya mao ang nahigugma kanato ug nagpadala sa Iyang Anak nga halad-pasighiuli alang sa atong mga sala."*

Gikompirma sa Dios ang Iyang gugma diha kanato pinaagi sa paghatag sa Iyang bugtong nga Anak nga si Hesus nga ibitay sa krus. Si Hesus mipakita sa Iyang gugma pinaagi sa pagsakripisyo sa Iyang kaugalingon sa krus aron nga malukat ang katawohan gikan sa ilang mga sala. Kining gugma sa Dios, nga gipakita pinaagi sa paghatag sa Iyang Anak, mao ang walay pagbag-ong gugma sa kahangtoran nga naghatag sa tanang kinabuhi bisan pa sa pinakaulahing tulo sa dugo.

Tinuod nga gugma ngadto sa Dios

Mahimo ba sab kanatong maangkon ang ingon nga lebel sa gugma? Ang 1 Juan 4:7-8 nagsulti nga, *"Mga hinigugma, maghigugmaay kita ang usa sa usa, kay ang gugma iya sa Dios; ug siya nga nagahigugma gipanganak sa Dios ug nakaila sa Dios. Siya nga wala magahigugma wala makaila sa Dios; kay ang Dios gugma man."*

Kung atong nahibaloan nga dili lang isip nga naunang kahibalo, apan halawom nga mabati diha sa atong mga kasingkasing ang klase sa gugma nga gihatag kanato sa Dios, natural kanatong tinuod nga higugmaon ang Dios. Sa atong Kristohanon nga mga kinabuhi, mahimo kitang mangatubang og mga pagsulay nga lisud pas-anon, o mahimo kitang mangatubang sa usa ka sitwasyon kung asa mawala kanato ang tanan kanatong mga kabtangan ug mga butang nga bilihon kanato. Bisan pa sa katong mga sitwasyon, ang atong mga kasingkasing dili mapiog gayud samtang aduna dihay tinuod nga gugma kanato.

Hapit kanakong mawala ang tulo kanakong mga anak nga babaye. Sa sobra sa 30 ka tuig nga miagi sa Korea, kadaghanan sa mga katawohan migamit og uling nga bloke para sa pagpainit. Ang carbon monoxide nga gas gikan sa uling kanunay nga nahinungdan sa mga aksidente. Kini pagkahuman lang sa pag-abli sa iglesia ug ang akong puy-anan anaa sa basement sa building sa iglesia. Ang akong tulo ka mga anak nga babaye, kuyog ang usa ka batan-on nga lalaki, nahilo sa carbon monoxide nga gas. Ilang nahaklo ang gas sa tibuok nga gabii, ug morag wala nay paglaum nga maulian.

Sa pagkakita sa akong mga anak nga babaye nga walay panimuot, wala ko'y kasubo o mga reklamo. Mapasalamaton lang ko nga naghunahuna nga sila mopuyo sa kalinaw sa maanyag nga Langit kung asa walay paghilak, kasubo, o kasakit. Apan kay ang batan-on nga lalaki usa lang ka bag-o nga miyembro sa iglesia, akong gihangyo ang Dios nga buhion ang lalaki aron nga dili makaulawan ang Dios. Akong gibutang ang akong mga kamot sa batan-on nga lalaki ug miampo para kaniya. Ug unya, miampo ko para sa akong ikatulo ug kamanghoran nga anak nga babaye. Samtang ako nag-ampo para kaniya, ang batan-on nga lalaki naulian. Samtang ako nag-ampo para sa ikaduha nga anak nga babaye, ang ikatulo hingmata. Sa dili madugay, ang parehong ikaduha ug unang anak nga babaye kanako nahiuli ang panimuot. Wala sila moantus og bisan unsang mga epekto pagkahuman, ug hangtud karong adlawa sila himsog. Silang tulo nag-alagad isip nga mga pastor sa iglesia.

Kung nahagugma kita sa Dios, ang atong gugma dili gayud magbag-o sa bisan unsang klase sa sitwasyon. Nadawat na kanato ang Iyang gugma sa pagsakripisyo sa Iyang bugtong nga Anak, ug busa wala kita'y bisan unsang rason nga mayugot Kaniya o magduhaduha sa Iyang gugma. Kita mahigugma lang Kaniya nga walay pagbag-o. Masaligan lang kanato ang Iyang gugma og hingpit ug magmatinumanon Kaniya sa atong mga kinabuhi.

Kining kinaiya dili mausab kung kita mag-atiman sa ubang mga kalag, sab. Ang 1 Juan 3:16 nagsulti nga, *"Ug nahibaloan nato ang gugma pinaagi niini, kay Siya mihatag man sa Iyang kinabuhi sa pagpakamatay alang kanato; ug kinahanglan nga kita usab magahatag sa atong kinabuhi sa pagpakamatay alang sa mga igsoon."* Kung kita magpaugmad sa tinuod nga gugma ngadto sa Dios, mahigugma kanato ang atong mga igsoon kauban ang tinuod nga gugma. Kini nagkahulogan nga dili kita moangkon og bisan unsang tinguha nga mangita para sa atong kaugalingon, ug busa ihatag kanato ang tanang butang nga aduna kita ug dili na magkagusto sa bisan unsang butang og balik. Atong isakripisyo ang atong mga kaugalingon kauban ang putli nga mga motibo ug ihatag ang tanan kanatong mga kabtangan para sa uban.

Miagi ko sa daghang mga pagsulay sa akong paglakaw sa dalan sa pagtoo hangtud karong adlawa. Giluiban ko atong mga katawohan nga midawat og daghan kaayong mga butang gikan kanako, o ang katong akong gitratar isip akong kaugalingong pamilya. Usahay ang mga katawohan nasayop sa pagsabot kanako ug mitudlo diha kanako.

Bisan pa niana, gitratar lang sila kanako sa kamaayo. Akong gihatag ang tanang butang ngadto sa mga kamot sa Dios ug miampo nga pasaylohon Kaniya ang ingon nga mga katawohan kauban ang Iyang gugma ug kalooy. Wala gani kanako kadumti ang katong mga katawohan nga nakahinungdan og daku nga mga kalisdanan alang sa iglesia og nibiya. Gusto lang kanako nga magbasol sila ug mobalik. Kung ang katong mga katawohan mibuhat og daghan nga dautan nga mga butang, kini nakahinungdan og grabe nga mga pagsulay kanako. Bisan pa niana, gitratar kanako sila sa kamaayo lang kay mitoo ko nga gihigugma ko sa Dios, ug tungod kay gihigugma ko sila kauban ang gugma sa Dios.

Aron nga mabunga ang bunga sa gugma

Hingpit kanatong mabunga ang bunga sa gugma sa kadakuon nga atong mapabalaan ang atong mga kasingkasing pinaagi sa pagsalikway sa mga sala, dautan, ug kalapasan gikan sa atong mga kasingkasing. Ang tinuod nga gugma gikan sa usa ka kasingkasing nga walay kadautan. Kung naangkon kanato ang tinuod nga gugma, mahatag kanato sa uban ang kalinaw sa tanang panahon ug dili gayud mohatag og kalisdanan o magbutang og kabug-at sa uban. Masabtan sab kanato ang mga kasingkasing sa uban ug magsilbi kanila. Mahimo kanatong mohatag kanila og kalipay ug motabang nga matugotan ang ilang mga kalag nga mouswag aron nga ang gingharian sa Dios mahimong mapadaku.

Sa Biblia, atong makita kung unsang klase sa gugma ang gipaugmad sa mga amahan sa pagtoo. Gihigugma ni Moises ang iyang mga katawohan og daku kaayo nga gusto kaniyang maluwas sila bisan pa nga kini nagkahulogan nga ang iyang ngalan mapala gikan sa basahon sa kinabuhi (Exodo 32:32).

Gihigugma sab sa apostol nga si Pablo ang Ginoo kauban ang walay pagbag-o nga hunahuna gikan sa panahon nga iyang nailhan Siya. Nahimo siya nga apostol sa mga Hentil, ug giluwas ang daghang mga kalag ug mitukod og mga iglesia pinaagi sa iyang tulo ka mga misyon nga pagbiyahe. Bisan pa nga ang iyang paagi makapoy ug puno sa katalagman, iyang giwali si Hesukristo hangtud nga siya gipamartir sa Roma.

Adunay kanunay nga paghulga sa kinabuhi ug mga paglutos ug mga kagubot gikan sa mga Hudeo. Siya gibunalan ug gibilanggo. Siya gianod-anod sa dagat sa usa ka gabii ug usa ka adlaw pagkahuman nga nasangad. Bisan pa niana, wala gayud siya nagbasol sa dalan nga iyang gipili. Hinonoa nga magkabalaka sa iyang kaugalingon siya nagkabalaka sa iglesia ug sa mga tumuluo bisan pa nga siya miagi sa daghang kalisdanan.

Iyang gilitok ang iyang mga pamati sa 2 Mga Taga-Corinto 11:28-29, kung hain nagsulti nga, *"Ug gawas sa uban pang mga butang, anaa ang adlaw-adlaw nga pagpiit kanako tungod sa akong kabalaka alang sa tanang mga iglesia. Kay kinsa bay nagmahuyang nga wala ko pakig-ambiti sa pagbati sa kahuyang? Kinsa bay gipahipangdol, ug wala ako masuko?"*

Wala gitagana sa apostol nga si Pablo bisan pa ang iyang kinabuhi kay siya adunay nagdilaab nga gugma alang sa mga kalag. Ang iyang dakung gugma nalitok og maayo sa Mga Taga-Roma 9:3. Kini nagsulti nga, *"Kay arang ko pa gani matinguha ang akong pagkatinunglo ug pagkasinalikway gikan kang Kristo alang sa kaayohan sa akong mga igsoon nga ako rang mga paryenti sa pagkatawo."* Nganhi, 'ang ako rang mga paryenti sa pagkatawo' wala magpasabot sa pamilya o mga paryenti. Kini nagpasabot sa tanang mga Hudeo apil ang katong mga naglutos kaniya.

Gusto pa kaniyang moadto hinoon sa Impiyerno baylo sa ilang

lugar, kung kini makaluwas lang niadtong mga katawohan. Mao kini ang klase sa gugma nga iyang naangkon. Usab, sumala sa gisulat sa Juan 15:13, *"Walay bisan kinsa nga may gugma nga labaw pa niini, nga ang usa ka tawo magahalad sa iyang kinabuhi sa pagpakamatay alang sa iyang mga higala,"* gipamatud-an sa apostol nga si Pablo ang iyang pinakataas nga lebel sa gugma pinaagi sa pagkahimo og usa ka martir.

Ang pipila ka mga katawohan mosulti nga ilang hinigugma ang Ginoo apan wala kanila higugmaa ang ilang mga igsoon sa pagtoo. Kining mga igsoona dili gani ilang mga kaaway ni nangayo sila alang sa kinabuhi sa usa ka tawo. Apan sila adunay mga kasumpakian ug naghambin og dili maayo nga mga pamati batok sa usag usa sa mga butang nga walay hinungdan. Bisan samtang nagbuhat sa mga buluhaton sa Dios, sila maglain ang buot kung ang ilang mga opinyon maglahi. Ang pipila ka mga katawohan dili sensitibo sa ubang mga katawohan kung kinsa ang ilang mga espiritu naglawos ug kahimatyon. Unya, masulti ba kanato nga ang ingon nga mga katawohan nahigugma sa Dios?

Sa kausa ako miangkon sa atubangan sa tibuok nga kongregasyon. Ako miingon, "kung makaluwas ko og usa ka libo nga mga kalag, andam ko nga moadto sa Impiyerno baylo sa ilang lugar." Lagi, kahibalo ko og pag-ayo kung unsang klase sa dapit ang Impiyerno. Dili gayud ko magbuhat og bisan unsang butang nga makapadulong kanako sa Impiyerno. Apan kung ako makaluwas niadtong mga kalag nga nangahagbong ngadto sa Impiyerno, andam ko nga mobaylo sa ilang lugar.

Ang katong usa ka libo nga mga kalag mahimong moapil sa

pipila sa atong mga miyembro sa iglesia. Mahimo kining mga lideres sa atong iglesia o mga miyembro nga wala mopili sa kamatuoran apan niadto sa dalan sa kamatayon bisan pa pagkahuman og dungog sa mga pulong sa kamatuoran ug nakasaksi sa makagagahum nga mga binuhatan sa Dios. Usab, mahimo sila ang katong mga katawohan nga naglutos sa atong iglesia sa ilang mga kasumpakian ug kasina. O, mahimo sila ang pipila ka kubos nga mga kalag sa Africa nga nagutom tungod sa sibil nga giyera, kagutom, ug kapobre.

Sama nga si Hesus namatay alang kanako, mahimo kanakong mahatag ang akong kinabuhi alang kanila, sab. Kini dili tungod kay nahigugma ko kanila isip nga bahin sa akong katungdanan, kay tungod lang nga ang Pulong sa Dios nagsulti nga kinahanglan kanatong mahigugma. Naghatag ko sa tanan kanakong kinabuhi ug enerhiya matag adlaw aron maluwas sila, kay tungod nahigugma ko kanila labaw sa akong kinabuhi ug dili lang gamit ang mga pulong. Naghatag ko sa tanan kanakong kinabuhi kay nakahibalo ko nga kini mao ang pinakadaku nga tinguha sa Amahang Dios nga nahigugma kanako.

Ang akong kasingkasing napuno sa ingon nga mga hunahuna isip nga, 'Unsaon man kanako pagwali sa Maayong Balita sa mas daghang mga dapit?' Unsaon man kanako pagpadayag sa mas dakung mga binuhatan sa gahum sa Dios aron nga mas daghang mga katawohan ang motoo? 'Unsaon man kanako sila pasabton sa walay kahinungdanan niining kalibutan ug madala sila nga gunitan ang langitnon nga gingharian?'

Atong tan-awon og balik ang atong mga kaugalingon kung unsa kadaku nga nalilok diha kanato ang gugma sa Dios. Kini mao ang gugma kung hain Iyang gihatag ang kinabuhi sa Iyang bugtong nga Anak. Kung kita puno sa Iyang gugma, atong higugmaon ang Dios ug ang mga kalag sa tanan kanatong mga kasingkasing. Kini mao ang tinuod nga gugma. Ug, kung atong paugmadon kining gugma og hingpit, mahimo kanatong makasulod ngadto sa bag-ong Herusalem, kung hain mao ang kinauyokan sa gugma. Naglaum ko nga tanan kamo makig-ambit sa gugmang dayon kauban ang Amahang Dios ug ang Ginoo ngadto.

Filipos 4:4

"Pagkalipay kamo kanunay diha sa Ginoo; usbon ko ang pag-ingon, pagkalipay kamo!"

Nga sa Maong mga Butang Walay Kasugoan nga Kabatok

Kapitulo 3

Kalipay

Ang bunga sa kalipay
Ang mga rason nganong ang kalipay sa unang gugma mawala
Kung magpabilin ang espirituhanon nga kalipay
Kung gusto kanimong magbunga sa bunga sa kalipay
Pagbangutan bisan pagkahuman sa pagbunga sa bunga sa kalipay
Magpositibo ug magsunod sa kamaayo sa tanang butang

Kalipay

Ang pagkatawa makapahupay sa pahimug-at, kasuko, ug tensyon busa nagpaambag sa paglikay sa pag-atake sa kasingkasing ug kalit nga kamatayon. Kini sab nagpausbaw sa resistensiya sa lawas, busa kini adunay positibo nga mga epekto sa paglikay sa mga impeksiyon sama sa trangkaso o bisan sa ingon nga mga sakit sama sa kanser ug mga sakit nga gipahinungod sa estilo sa kinabuhi. Ang pagkatawa piho nga adunay positibo kaayo nga mga epekto sa atong kahimsog, ug ang Dios sab nagsulti kanato nga kanunay nga magkalipay. Ang pipila mahimo magsulti nga, "Unsaon man kanako pagkalipay kung walay bisan unsang butang nga kalipayan?" Apan, ang mga tawo sa pagtoo kanunay nga magkalipay sa Ginoo kay sila nagtoo nga ang Dios motabang kanila gikan sa ilang mga kalisdanan, ug sa ulahi sila giyahan ngadto sa gingharian sa langit kung asa anaa ang kalipay nga dayon.

Ang bunga sa kalipay

Ang kalipay mao ang "hugot ug espesyal nga mahimayaon o masadyaon nga kalipayan." Ang espirituhanon nga kalipay, nan, dili lang aron nga hilabihan nga mangalipay. Bisan pa ang mga dili tumuluo mangalipay kung ang mga butang maayo, apan kini temporaryo lang. Ang ilang kalipay mawala kung ang mga butang maglisud. Apan kung atong mabunga ang bunga sa kalipay sa atong mga kasingkasing mahimo kanatong mangalipay ug managsadya sa bisan unsang klase sa sitwasyon.

Ang 1 Mga Taga-Tesalonica 5:16-18 nagsulti nga, *"Pagkalipay kamo sa kanunay; pag-ampo kamo sa walay paghunong;*

pagmapasalamaton kamo sa tanang higayon; kay kini mao ang pagbuot sa Dios diha kang Kristo Hesus." Ang espirituhanon nga kalipay mao ang pagkalipay kanunay ug pagpasalamat sa tanang higayon. Ang pagkalipay usa sa pinakadayag ug tin-aw nga mga kategorya kung hain atong masukod ug masusi kung unsang klase sa Kristohanon nga kinabuhi ang atong gidala.

Ang pipila ka mga tumuluo naglakaw sa dalan sa Ginoo kauban ang pagkalipay ug kamaya sa tanang panahon samtang ang pipila nga uban walay tinuod nga pagkalipay ug pagpasalamat gumikan sa ilang mga kasingkasing, bisan pa nga sila nagsulay og maayo sa ilang pagtoo. Sila motambong sa pagsimba nga mga pag-alagad, mag-ampo, ug magtuman sa ilang mga katungdanan sa iglesia, apan sila nagbuhat niining tanan nga mga aktibidad nga morag nagtuman sa usa ka katungdanan nga wala mairog. Ug kung sila mangatubang sa bisan unsang problema, mawala kanila ang pinakagamay nga kalinaw nga aduna sila ug ang ilang mga kasingkasing mauyog sa kakuyaw.

Kung adunay usa ka problema nga dili gayud kanimo masulbad sa imong kaugalingong kusog, kini mao kung mahimo kanimong masusi kung ikaw ba tinuod nga nagkalipay gikan sa giladmon sa imong kasingkasing. Sa ingon nga sitwasyon, nganong dili ka man magtan-aw sa imong kaugalingon sa samin? Kini mahimo sab nga usa ka sukdanan aron masusi kung unsa kadaku nimo napabilin ang bunga sa kalipay. Ingon sa usa ka butang nga katinuoran, ang grasya lang ni Hesukristo nga nagluwas kanato pinaagi sa Iyang dugo sobra ra kaayo nga kondisyon para kanato nga mangalipay sa tanang panahon. Kita natagana nga mahagbong ngadto sa kalayong dayon sa Impiyerno, apan pinaagi sa dugo ni Hesukristo kita mahimong makasulod ngadto sa gingharian sa langit nga puno sa kalipayan ug kalinaw. Kining inusara nga katinuoran ang mahimong makahatag kanato og kalipayan lapas sa mga pulong.

Pagkahuman sa Exodo sa kaniadtong ang mga anak sa Israel milabang sa Red Sea nga morag anaa lang sa uga nga yuta ug gilibre gikan sa mga kasundalohan nga Ehiptohanon nga migukod kanila, unsa ba kadaku sila nagkalipay? Puno sa kalipayan ang mga babaye misayaw kauban sa mga magagmay nga tambor ug ang tanang mga katawohan midayeg sa Dios (Exodo 15:19-20).

Sama niini, kung modawat ang usa ka tawo sa Ginoo, siya adunay dili malitok nga pagkalipay sa pagkaluwas, ug siya kanunay nga mokanta kauban ang mga pagdayeg sa iyang mga wait bisan pa nga siya kapoy pagkahuman sa adlaw nga kalisud sa trabaho. Bisan pa kung siya lutuson alang sa ngalan sa Ginoo o mag-antos sa usa ka kalisdanan nga walay patas nga hinungdan, siya malipay lang nga naghunahuna mahitungod sa gingharian sa langit. Kung kining pagkalipay padayon ug bug-os nga mapabilin, sa dili madugay siya hingpit nga magbunga sa bunga sa kalipay.

Ang mga rason nganong ang kalipay sa unang gugma mawala

Sa tinuod, nan, dili daghan kaayong mga katawohan magpabilin sa kalipay sa ilang unang gugma. Sa usa ka panahon pagkahuman kanila og dawat sa Ginoo, ang kalipay mawala ug ang ilang mga emosyon bahin sa grasya sa kaluwasan dili na pareho. Sa miagi, sila malipayon lang bisan pa sa mga kalisdanan nga naghunahuna mahitungod sa Ginoo, apan sa ulahi sila magsugod og panghupaw ug managhilak kung ang mga butang lisud. Kini hisama lang sa mga anak sa Israel nga sa kadali nalimtan ang kalipay nga anaa kanila pagkahuman kanila og labang sa Red Sea ug mireklamo batok sa Dios ug mitindog batok kang Moises sa magagmay nga mga kalisud.

Nganong mabag-o man ang mga katawohan niining paagi? Kini tungod kay aduna sila'y unod sa ilang mga kasingkasing. Ang unod nganhi adunay espirituhanon nga kahulogan. Kini nagpasabot sa mga kinaiyahan o mga batasan nga atbang sa espiritu. Ang 'espiritu' usa ka butang nga paghisakop sa Dios ang Magbubuhat, kung hain mao ang maanyag ug walay-pagbag-o, samtang ang 'unod' mao ang mga kinaiya sa mga butang nga giputol gikan sa Dios. Kini mao ang mga butang nga malaglag, madunot, ug mawala. Busa, ang tanang klase sa mga sala ingon sa kalapasan, dili pagkamatarung, ug mga kabakakan mga unod. Ang katong adunay mga kinaiya sa unod mawala ang ilang kalipay kung hain sa kausa mipuno sa ilang mga kasingkasing. Usab, kay sila adunay pagbag-o nga mga kinaiyahan, ang kaaway nga yawa ug si Satanas nagsulay nga makahinungdan og mga sitwayon nga dili paborable pinaagi sa pagsamok nianang mobag-o nga kinaiyahan.

Ang apostol nga si Pablo gibunalan ug gibilanggo samtang nagwali sa Maayong Balita. Apan samtang siya miampo ug midayeg sa Dios nga wala nagkabalaka mahitungod sa bisan unsang butang, usa ka dakung linog ang nahitabo ug ang mga pultahan sa bilanggo miabli. Dugang pa, pinaagi niining hitabo, gipasangyawan kaniya ang daghang mga tumuluo. Wala kaniya mawala ang iyang kalipay sa bisan unsang kalisdanan, ug iyang gitambagan ang mga tumuluo nga *"Pagkalipay kamo kanunay diha sa Ginoo; usbon ko ang pag-ingon, pagkalipay kamo! Ang inyong pagkamapailobon ipaila ninyo sa tanang mga tawo. Ang Ginoo haduol na. Ayaw kamo pagkabalaka mahitungod sa bisan unsang butang, hinonoa sa tanang butang ipahibalo ninyo sa Dios ang inyong mga hangyo pinaagi sa pag-ampo ug sa pagpangamuyo uban sa pagpasalamat"* (Filipos 4:4-6).

Kung ikaw anaa sa usa ka tabangonon nga sitwasyon nga morag naggunit sa sulab sa usa ka pangpang, nganong dili ka man maghalad og usa ka pag-ampo sa pagpasalamat sama sa apostol nga si Pablo? Ang Dios mahimuot sa imong lihok sa pagtoo ug Siya magtrabaho para sa kamaayo sa tanang butang.

Kung magpabilin ang espirituhanon nga kalipay

Si David nakigbisog sa mga natad sa panggubatan alang sa iyang nasud gikan pa sa panahon sa iyang kabatan-on. Siya nihatag og dalayegon nga mga pag-alagad sa daghan nga mga nagkalahi nga mga giyera. Sa kaniadtong nag-antos si Haring Saul gikan sa dautan nga mga espiritu, siya midula sa alpa aron maghatag og kalinaw sa hari. Wala gayud siya nakalapas og sugo gikan sa iyang hari. Bisan pa niana, si Haring Saul wala nagmapasalamaton alang sa pag-alagad ni David, apan sa katinuoran iyang gikadumtan si David kay siya nangabugho kaniya. Kay si David gihigugma sa mga katawohan, nakuyawan si Saul nga kuhaon ang iyang trono, ug iyang gigukod si David kauban ang iyang kasundalohan aron patyon siya.

Sa ingon nga sitwasyon, klaro nga kinahanglan modagan ni David gikan kang Saul. Sa kausa, aron nga maluwas ang iyang kinabuhi sa usa ka langyaw nga nasud, kinahanglan kaniyang magdul-ay nga nagpakaaron-ingon nga buang. Unsa man ang imong mabati kung anaa ka sa iyang mga sapin? Si David wala gayud magkasubo apan siya nagkalipay lang. Iyang gipadayag ang iyang pagtoo sa Dios kauban ang maanyag nga salmo.

"Ang GINOO mao ang akong magbalantay;
walay makulang kanako.
Siya nagapahigda kanako sa mga sibsibanan nga malunhaw
Siya nagatultol kanako sa daplin sa mga tubig nga malinaw.
Gipalig-on niya ang akong kalag;
Ginamandoan niya ako sa mga dalan sa pagkamatarung.
Tungod sa iyang ngalan.
Oo, bisan magalakaw ako latas
sa walog sa landong sa kamatayon,
Ako walay kahadlok sa bisan unsa nga dautanl,
Kay Ikaw nagauban kanako;
Ang Imong baras ug ang imong sungkod,
 kini nagapalig-on kanako.
Ikaw nagaandam ug pagkaon sa atubangan ko
tinambongan sa akong mga kaaway;
Gidihog mo ang akong ulo sa lana;
Ang akong kopa nagaawas.
Sa pagkamatuod ang kaayo
ug ang mahigugmaong-kalolot magasunod kanako
sa adlaw nga tanan sa akong kinabuhi,
ug sa balay sa GINOO magapuyo ako sa walay katapusan"
(Mga Salmo 23:1-6).

Ang katinuoran morag usa ka dalan sa mga tunok, apan si David adunay usa ka butang nga daku diha kaniya. Kini mao ang iyang nagdilaab nga gugma ngadto ug ang walay pagbag-o nga pagsalig diha sa Dios. Walay bisan unsang butang nga makakuha sa kalipay nga nag-awas gikan sa giladmon sa iyang kasingkasing. Si David piho nga usa ka tawo nga nakapabilin sa bunga sa kalipay.

Alang sa kap-atan ug usa ka tuig sukad nga akong gidawat ang Ginoo, wala gayud kanako mawala ang kalipay sa akong unang gugma. Sa gihapon nabuhi ko sa matag adlaw kauban ang pagkamapasalamaton. Niantos ko gikan sa daghan kaayong mga sakit alang sa pito ka tuig, apan ang gahum sa Dios miaayo sa kadtong mga sakit sa makausa. Diha-diha dayon nahimo ko nga Kristohanon ug misugod nga magtrabaho sa mga konstruksyon nga dapit. Aduna ko'y higayon nga makatrabaho og mas maayo nga trabaho apan mipili ko nga buhaton ang lisud nga kayod kay kini mao lang ang paagi para kanako nga ipabilin nga balaan ang Adlaw sa Ginoo.

Matag buntag kaniadto mobangon ko inig alas kuwatro ug motambong sa kadlawon nga pag-ampo nga mga panagtabo. Unya moadto ko sa trabaho nga adunay balon para paniudto. Kini magkuha og mga usa ka oras ug tunga pinaagi sa bus aron makaabot sa trabahoan. Kinahanglan kanakong magtrabaho gikan sa buntag hangtud sa gabii nga walay igo nga pahulay. Kini tinuod nga lisud nga trabaho. Wala pa ko gayud nakasinati og pisikal nga kayod kaniadto ug sa ibabaw niini ako nagsakit sa daghan kaayo nga mga tuig, busa dili kini sayon nga trabaho para kanako.

Mobalik ko mga alas diyes sa gabii, pagkahuman sa trabaho. Sa kadali maghugas ko, magpanihapon, magbasa sa Biblia ug mag-ampo usa matulog sa tungang gabii. Ang akong asawa sab nagbuhat og pagpamabalay-balay nga pamaligya aron nga magpangabuhi, apan kini lisud para kanamo nga magbayad bisan lang sa interes sa among utang nga natipon sa kasamtangan sa akong pagsakit. Sa literal, dili namo matabo ang matag adlaw nga kinahanglan. Bisan pa nga anaa ko sa lisud nga pinansiyal nga sitwasyon, ang akong kasingkasing kanunay nga napuno sa kalipay ug ako miwali sa Maayong Balita sa matag panahon nga aduna ko'y higayon.

Ako mosulti, "Ang Dios buhi! Tan-awa ko! Ako naghulat lang sa kamatayon, apan ako tibuok nga giaayo sa gahum sa Dios ug ako nahimong kini kahimsog!"

Ang katinuoran lisud ug pinansiyal nga mahagiton, apan kanunay ako nga mapasalamaton alang sa gugma sa Dios nga miluwas kanako gikan sa kamatayon. Ang akong kasingkasing sab napuno sa paglaum sa Langit. Pagkahuman kanako og dawat sa tawag sa Dios aron nga mahimong usa ka pastor, miantos ko og daghan nga dili-matarung nga mga kalisdanan ug mga butang nga ang usa ka tawo dili tinuod nga mapas-an, apan ang akong kalipay ug pagkamapasalamaton wala gayud mitugnaw.

Nganong nahimo man kini nga posible? Kini tungod kay ang pagkamapasalamaton sa kasingkasing magpanganak og mas daghang pagkamapasalamaton. Kanunay ko nga nagtan-aw sa mga butang nga mahatagan og pagpasalamat ug maghalad og mga pag-ampo sa pagpasalamat sa Dios. Ug dili lang pag-ampo sa pagpasalamat, nalipay ko sa paghatag og pagpasalamat nga mga paghalad sa Dios. Dugang pa sa pagpasalamat nga mga paghalad mihalad ko sa Dios sa matag pagsimba nga pag-alagad, makugihon ko nga mihatag og pasalamat nga mga paghalad sa Dios para sa ubang mga butang. Mihatag ko og pasalamat alang sa mga miyembro sa iglesia nga nagtubo sa pagtoo; alang sa pagtugot kanako nga maghimaya sa Dios pinaagi sa daku kaayo nga mga krusada sa ubang nasud; alang sa paghatag og pagtubo sa iglesia, ug uban pa. Nangalipay ko sa pagpangita alang sa mga kondisyon sa pagpasalamat.

Busa, mihatag ang Dios kanako og mga panalangin ug grasya nga walay paghunong aron nga padayon lang ko nga maghatag og pasalamat. Kung nagpasalamat lang ko kung ang mga butang maayo ug wala magpasalamat apan mireklamo kung ang mga butang dili maayo, dili unta kanako maangkon ang kalipayan nga akong gipangalipayan karon.

Kung gusto kanimong magbunga sa bunga sa kalipay

Una, kinahanglan kanimong isalikway ang unod.

Kung wala kita'y kasina o panibugho, kita mangalipay kung ang uban gidayeg o gipanalanginan nga morag kita ang maong gidayeg ug gipanalanginan. Sa sukwawhi, maglisud kita nga magtan-aw sa uban nga mahimong maayo ang pagkabutang sa kadakuon nga kita mag-angkon og kasina ug panibugho. Mahimo kanatong maangkon ang dili-komportable nga mga pamati mahitungod sa uban, o mawala kanato ang kalipay ug mahimong maluya kay mahimo kanatong mabati nga ubos sa kadakuon nga ang uban gipahitaas.

Usab, kung kita walay kasuko o kayugot, kita aduna lang og kalinaw bisan pa nga kita binastos nga gitratar o nagpatunhay sa kadaot. Mahimo kitang mayugot ug masagmuyo kay kita adunay unod diha kanato. Kining unod mao ang palas-anon nga magpabati kanato og kabug-atan diha sa kasingkasing. Kung aduna kita'y kinaiya nga mangita sa atong kaugalingong benepisyo, mabati kanato ang dili maayo og kasakit kung kini morag kita mas nagantos og mas daku nga kapildihan kaysa uban.

Kay kita adunay unodnon nga mg kinaiya diha kanato, ang kaaway nga yawa ug si Satanas mosamok niining mga unodnon nga mga kinaiya aron magbuhat og mga sitwasyon kung asa dili kita makapangalipay. Sa kadakuon nga kita adunay unod, dili kita makaangkon og espirituhanon nga pagtoo, ug kita mag-angkon og mas nagkadugang nga mga kaguol ug mga kabalaka kay dili makasalig sa Dios. Apan ang katong nagsalig sa Dios mahimong mangalipay bisan pa nga sila'y walay kan-on karong adlaw. Kini tungod kay ang Dios misaad kanato nga Iya kitang hatagan kung unsa ang atong kinahanglan kung atong unahon og pangita ang Iyang gingharian ug pagkamatarung (Mateo 6:31-33).

Ang katong adunay tinuod nga pagtoo magasalig sa tanang butang ngadto sa mga kamot sa Dios pinaagi sa mga pag-ampo sa pagpasalamat sa bisan unsang klase sa kalisdanan. Ilang pangitaon ang gingharian sa Dios ug ang pagkamatarung kauban ang malinawon nga kasingkasing ug unya mangayo kung unsay ilang kinahanglan. Apan ang katong wala magsalig sa Dios apan sa ilang kaugalingong mga hunahuna ug mga plano dili makatabang apan mahimong mahimutang. Ang katong adunay mga negosyo mahimong dal-on ngadto sa mauswagon nga mga paagi ug modawat og mga panalangin kung ila lang tin-aw nga madungog ang tingog sa Espiritu Santo ug sundon kini. Apan samtang sila adunay kahakog, pagkawalay-pailob, ug mga hunahuna sa mga kabakakan, dili kanila madungog ang tingog sa Espiritu Santo ug sila mangatubang og mga kalisud. Sa kinatibuk-an, ang pundamental nga rason nganong mawala kanato ang kalipay mao ang unodnon nga mga kinaiya nga anaa diha sa atong kasingkasing. Maangkon kanato ang nagkadugang nga kadaghan sa espirituhanon nga kalipay ug pasalamat, ug ang tanang mga butang magmaayo diha kanato sa kadakuon nga atong isalikway ang unod gikan sa atong kasingkasing.

Ikaduha, kinahanglan kanatong magsunod sa mga tinguha sa Espiritu Santo sa tanang mga butang.

Ang kalipay nga atuang gipangita dili ang kalibutanon nga kalipay apan ang kalipay nga gumikan sa ibabaw, nga mao ang kalipay sa Espiritu Santo. Mahimo kitang mangalipay ug magkalipay lang kung ang Espiritu Santo nga nagpuyo dinha kanato nagkalipay. Labaw sa tanan, ang tinuod nga kalipay moanha kung kita magsimba sa Dios kauban ang atong kasingkasing, mag-ampo ug magdayeg Kaniya, ug ipabilin ang Iyang Pulong.

Usab, kung makaamgo kita sa atong mga kakulangan pinaagi sa inspirasyon sa Espiritu Santo ug mapausbaw sila, unsa ka malipayon nga mahimo kita! Kita lagmit nga magmalipayon ug mapasalamaton kung atong makita ang atong bag-o nga 'kaugalingon' kung kinsa lahi gikan sa kung kinsa kita sa una. Ang kalipay nga gihatag sa Dios dili makumpara sa bisan unsang kalipay sa kalibutan, ug walay bisan kinsa ang makakuha niini.

Depende sa kung unsang klase sa mga kapilian nga atong buhaton sa atong adlaw-adlaw nga mga kinabuhi, mahimo kanatong magsunod sa mga tinguha sa Espiritu Santo o sa katong sa unod. Kung kita magsunod sa mga tinguha sa Espiritu Santo sa matag panahon, ang Espiritu Santo nagkalipay diha kanato ug magpuno kanato sa kalipay. Ang 3 Juan 1:4 nagsulti nga, *"Wala na akoy kalipay nga molabaw pa niini, nga mao ang pagpakadungog nga ang akong mga anak nanagsubay sa kamatuoran."* Sumala sa gisulti, ang Dios nagkalipay ug naghatag kanato sa kalipay sa kapuno sa Espiritu Santo kung atong buhaton ang kamatuoran.

Pananglitan, kung ang tinguha nga magpangita sa atong kaugalingon nga benepisyo ug ang tinguha nga magpangita sa benepisyo sa uban magbangga sa usag-usa, ug kung kining kasumpakian magpadayon, mawala kanato ang kalipay. Unya, kung sa ulahi atong pangitaon ang atong kaugalingong benepisyo, kini morag makuha kanato ang unsang gigusto kanato, apan dili kita makakuha og espirituhanon nga kalipay. Apan hinoon, kita mag-angkon og mga kaul-ol sa tanlag o mga kasakit diha sa kasingkasing. Sa uban nga dalan, kung atong pangitaon ang benepisyo sa uban, kini morag nag-antos kita og pagkawala sa kadali, apan makakuha kita og kalipay gikan sa ibabaw kay ang Espiritu Santo nagkalipay. Ang kato lang nga aktuwal nga mibati sa ingon nga kalipay ang makasabot kung unsa kini kamaayo. Kini usa ka klase sa kalipayan nga walay bisan kinsa sa kalibutan ang makahatag og makasabot.

Adunay usa ka istorya sa duha ka magsoon nga lalaki. Ang maguwang wala mohipos sa mga pinggan pagkahuman og kaon. Busa, ang manghod ang kanunay nga maglimpyo sa lamesa pagkahuman sa kaon, ug siya mibati og dili komportable. Usa ka adlaw, pagkahuman og kaon sa maguwang ug molakaw na, ang manghod nagsulti nga, "Kinahanglan kanimong hugasan ang imong kaugalingong mga pinggan." "Ikaw lang ang maghugas kanila," ang tubag sa maguwang nga walay pagduhaduha ug milakaw lang ngadto sa iyang kuwarto. Ang manghod dili gusto sa sitwasyon, apan ang iyang igsoon milakaw na.

Ang manghod nakahibalo nga ang iyang maguwang nga igsoon nga lalaki wala sa gawi nga maghugas sa iyang kaugalingong mga pinggan. Busa, ang manghod magsilbi lang sa maguwang kauban ang kalipay pinaagi sa paghugas sa tanang mga pinggan sa iyang kaugalingon. Unya, mahimo kang maghunahuna nga ang manghod kanunay nga maghugas sa mga pinggan, ug ang maguwang dili sulayan nga magpatunga sa problema. Apan kung kita maglihok sa kamaayo, ang Dios mao ang maghimo sa mga pagbag-o. Ang Dios ang magbag-o sa kasingkasing sa maguwang aron nga siya maghunahuna nga, 'Nagbasol ko nga gipahugas kanako ang akong igsoon sa mga pinggan sa tanang panahon. Gikan karon, ako ang maghugas sa among mga pinggan.'

Sumala sa ilustrasyon, kung kita magsunod sa mga tinguha sa unod tungod lang sa daklit nga benepisyo, kanunay kita nga magangkon og kasambol ug mga pakigbangi. Apan kita mag-angkon og kalipay kung magsilbi sa uban gikan sa kasingkasing nga nagsunod sa mga tinguha sa Espiritu Santo.

Ang pareho nga prinsipyo nag-aplikar sa matag ubang butang. Sa dihang mahimo kanimong maghukom sa uban gamit ang imong kaugalingong sukdanan, apan kung magbag-o ang imong kasingkasing ug masayod sa uban sa kamaayo, maangkon kanimo ang kalinaw. Unsa man kung mailhan kanimo ang usa ka tawo nga adunay lahi kaayo nga personalidad gikan sa imoha o usa ka tawo kung kinsa ang mga opinyon lahi kaayo gikan sa imoha? Magsulay ba ka nga likayan siya, o imo ba siyang mainiton nga abiabihon kauban ang usa ka yuhom? Sa panan-aw sa mga dili-tumuluo, kini mahimong mas komportable para kanila nga likayan lang o dili tamdon ang dili kanila gusto kaysa magsulay nga magmaayo kanila.

Apan ang katong magsunod sa mga tinguha sa Espiritu Santo magyuhom sa ingon nga mga katawohan kauban ang kasingkasing sa pag-alagad. Kung atong ibutang ang atong mga kaugalingon sa kamatayon adlaw-adlaw kauban ang tuyo nga maghatag og kaharuhay sa uban (1 Mga Taga-Corinto 15:31), masinati kanato ang tinuod nga kalinaw ug kalipay nga gumikan sa ibabaw. Dugang pa, mahimo kanatong mapangalipayan ang kalinaw ug kalipay sa tanang panahon, kung wala kita'y bisan pamati nga dili kanato gusto ang usa ka tawo o ang personalidad sa usa ka tawo wala magbagay sa atua.

Kunohay nakadawat ka og tawag gikan sa usa ka lideres sa iglesia nga mokuyog kaniya aron magbisita sa usa ka miyembro sa iglesia nga wala makatambong sa Dominggo nga pag-alagad, o kunohay gihangyo ka nga magwali sa Maayong Balita sa usa ka piho nga tawo sa usa ka pista opisyal nga panagsa lang kanimo makuha. Sa usa ka suok sa imong hunahuna gusto kanimong magpahulay, ug ang usa pa ka bahin sa imong hunahuna nagsugyot kanimo nga gusto kanimong buhaton ang buluhaton sa Dios. Kini anaa ra sa imong kagustohan ang magpili sa bisan asang paagi, apan ang pagtulog og daghan ug pagpaharuhay sa imong lawas wala magpasabot nga makahatag kanimo og kalipay.

Mabati kanimo ang kapuno sa Espiritu Santo ug ang kalipay kung imong ihatag ang imong panahon ug mga kabtangan sa pagbuhat sa pangalagad sa Dios. Sa imong balik-balik nga pagsunod sa mga tinguha sa Espiritu Santo, dili ka lang magangkon og nagkadaku nga kadaghan sa espirituhanon nga kalipay apan usab ang imong kasingkasing magkadaku nga magbag-o ngadto sa kasingkasing sa kamatuoran. Sa samang kadakuon, mabunga kanimo ang nahinog nga bunga sa kalipay, ug ang imong nawong magdan-ag sa espirituhanon nga kahayag.

Ikatulo, kinahanglan kanatong makugihon nga ipugas ang mga binhi sa kalipay ug pagpasalamat.

Para sa usa ka mag-uuma nga maani ang bunga sa usa ka ani, kinahanglan kaniyang ipugas ang mga binhi ug atimanon sila. Sa samang paagi, aron nga mabunga ang bunga sa kalipay, kinahanglan makugihon kita nga mangita sa mga kondisyon sa pagpasalamat ug ihalad ang mga pagsakripisyo sa pagpasalamat sa Dios. Kung kita mga anak sa Dios nga adunay pagtoo, daghan kaayong mga butang nga mapangalipayan!

Una, aduna kita'y kalipay sa kaluwasan nga dili mabaylohan sa bisan unsang butang. Usab, ang maayong Dios mao ang atuang Amahan, Siya magabantay sa Iyang mga anak nga nabuhi sa kamatuoran ug motubag sa bisan unsang ilang pangayuon. Busa, unsa man kita kamalipayon? Kung ipabilin lang kanato nga balaan ang Adlaw sa Ginoo ug maghatag sa tukma nga ikapulo, dili kita mangatubang sa bisan unsang katalagman o aksidente sa tibuok tuig. Kung dili kita magbuhat og mga sala ug ipabilin ang mga kasugoan sa Dios, ug matinumanon nga magtrabaho alang sa Iyang gingharian, unya, kanunay kita nga modawat og mga panalangin.

Bisan pa nga kung kita mangatubang og pipila ka mga kalisdanan, ang mga solusyon sa tanang mga klase sa problema makita sa kan-uman ug unom ka mga libro sa Biblia. Kung ang kalisud tungod sa atong kaugalingong mga kasaypanan, mahimo kitang magbasol ug magtalikod sa ingon nga mga paagi aron nga malooy kanato ang Dios ug maghatag kanato sa tubag aron masulbad ang problema. Kung kita magtan-aw og balik sa atong mga kaugalingon, kung ang atong kasingkasing dili magkondena kanato, mahimo lang kitang mangalipay ug maghatag og pasalamat. Unya, ang Dios magtrabaho sa tanang butang aron buhaton nga maayo ang tanang butang ug maghatag kanato og mas daghang mga panalangin.

Dili kanato ibaliwala ang grasya sa Dios nga gihatag Kaniya kanato. Kinahanglan kanatong mangalipay ug magpasalamat Kaniya sa tanang panahon. Kung kita mangita sa mga kondisyon sa pagpasalamat ug mangalipay, ang Dios magahatag kanato sa mas daghang mga kondisyon sa pagpasalamat. Sa pag-uli, ang atong pasalamat ug kalipay magkadugang, ug sa ulahi hingpit nga magbunga sa bunga sa kalipay.

Pagbangutan bisan pagkahuman sa pagbunga sa bunga sa kalipay

Bisan pa nga mabunga kanato ang bunga sa kalipay diha sa atong kasingkasing, usahay kita mahimong masulob-on. Kini mao ang espirituhanon nga pagbangutan nga gibuhat diha sa kamatuoran.

Una, adunay pagbangutan sa paghinulsol. Kung adunay mga pasulit ug mga pagtilaw tungod sa atong mga sala, dili lang kita mangalipay ug maghatag og pasalamat aron masulbad ang problema. Kung ang usa ka tawo mangalipay bisan pagkahuman og buhat sa usa ka sala, kanang kalipay usa ka kalibutanon nga kalipay nga walay kahilabtanan sa Dios. Sa ingon nga kaso, kinahanglan kanatong maghinulsol kauban ang paghilak ug mobiya gikan niadtong mga paagi. Kinahanglan kanatong hingpit gayud nga maghinulsol nga naghunahuna nga, 'Nganong nabuhat man kanako ang ingon nga sala nga nagtoo sa Dios? Nganong nagpasibaya man ko sa grasya sa Dios?' Unya, dawaton sa Dios ang atong paghinulsol, ug isip nga usa ka pamatuod nga ang pagbabag sa sala nagisi, maghatag Siya og kalipay kanato. Mabati kanato ang sobra kagaan ug kalipayan nga morag naglupad ngadto sa kalangitan, ug ang usa ka bag-o nga klase sa kalipay ug pagpasalamat naggikan sa ibabaw.

Apan ang pagbangutan sa paghinulsol sa pagkatinuod lahi gikan sa paghilak sa kasubo nga giluha tungod sa kasakit tungod sa mga kalisdanan o mga katalagman. Bisan pa kung ikaw mag-ampo nga nagluha og daghan kaayo'g luha ug bisan sa pagtulo sa sip-on, kini unodnon lang nga pagbangutan hangtud nga ikaw naghilak kauban ang kayugot mahitungod sa imong mga sitwasyon. Usab, kung magsulay ka lang nga moikyas gikan sa problema nga nahadlok sa pagsilot ug dili mobiya gikan sa imong mga sala og hingpit, dili ka makaangkon og tinuod nga kalipay. Dili kanimo mabati nga gipasaylo ka, sab. Kung ang imong pagbangutan tinuod nga pagbangutan sa paghinulsol, kinahanglan kanimong isalikway ang kagustohan nga magbuhat og mga sala mismo ug unya magbunga sa tukma nga bunga sa paghinulsol. Mao lang unya nga madawat kanimo ang espirituhanon nga kalipay gikan sa ibabaw usab.

Sunod, adunay pagbangutan nga anaa kanimo kung ang Dios gikaulawan o para sa katong mga kalag nga nagpadulong sa dalan sa kamatayon. Kini usa ka klase sa pagbangutan nga tukma diha sa kamatuoran. Kung aduna ka sa ingon nga pagbangutan, magaampo ka para sa gingharian sa Dios sa dakung tinguha. Mangayo ka og pagpakabalaan ug gahum aron maluwas ang mas daghang mga kalag ug palaparon ang gingharian sa Dios. Busa, ang ingon nga pagbangutan makapahimuot ug madawat sa mata sa Dios. Kung aduna ka sa ingon nga pagbangutan, ang kalipay sa halawom sa imong kasingkasing dili mawala. Dili ka mawad-an og kusog sa pagkamasulub-on o maluya, apan sa gihapon aduna ka'y pagpasalamat ug kalipayan.

Pipila ka mga tuig na ang milabay, gipakita sa Dios kanako ang langitnon nga balay sa usa ka tawo nga nag-ampo alang sa gingharian sa Dios ug sa iglesia kauban ang daku kaayo nga pagbangutan. Ang iyang balay gidayandayanan sa bulawan ug bilihon nga mga mutya, ug sa hilabihan adunay daghan nga dagku, masinaw nga mga perlas. Sama nga ang usa ka perlas nga kuya magbuhat og usa ka perlas sa tanan niining enerhiya ug duga, siya nagbangutan sa pag-ampo aron nga maanggid sa Ginoo, ug siya nagbangutan sa pag-ampo alang sa gingharian sa Dios ug sa mga kalag. Ang Dios mibalik kaniya sa tanan kaniyang maluhaon nga mga pag-ampo. Busa, kinahanglan nga kanunay kitang mangalipay nga nagtoo sa Dios, ug kinahanglan sab kita nga magbangutan alang sa gingharian sa Dios ug sa mga kalag.

Magpositibo ug magsunod sa kamaayo sa tanang butang

Kaniadtong gibuhat sa Dios ang unang tawo, si Adan, mihatag Siya og kalipay sa kasingkasing ni Adan. Apan ang kalipay nga anaa kang Adan nianang panahona lahi gikan sa kalipay nga atuang naangkon pagkahuman og agi sa pagpaugmad sa tawo sa ibabaw niining yuta.

Si Adan usa ka buhing linalang, o usa ka buhing espiritu, kung hain nagkahulogan nga wala siya og bisan unsang unodnon nga mga kinaiya, ug busa wala siya og bisan unsang elemento nga kaatbang sa kalipay. Kana mao nga, siya wala og bisan unsang konsepto sa pagkumpara aron maamgohan ang bili sa kalipay. Ang kato lang nga miantos sa mga sakit ang makasabot kung unsa ka bilihon ang kahimsog. Ang katong miantos lang sa kakubos ang makasabot sa tinuod nga bili sa dato nga kinabuhi.

Wala gayud si Adan nakasinati og bisan unsang kasakit, ug wala siya makaamgo kung unsa ka malipayon nga kinabuhi nga iyang gikabuhian. Bisan pa nga siya nangalipay sa kinabuhing dayon ug sa pagkadagaya sa Tanaman sa Eden, dili siya tinuod nga makapangalipay gikan sa iyang kasingkasing. Apan pagkahuman kaniya og kaon gikan sa kahoy sa pag-ila sa maayo ug sa dautan, ang unod misulod ngadto sa iyang kasingkasing, ug nawala kaniya ang kalipay nga gihatag sa Dios. Sa iyang pag-agi sa daghang mga kasakit niining kalibutan, ang iyang kasingkasing napuno sa kasubo, kamingaw, kayugot, malisud nga mga pagbati, ug mga kabalaka.

Nasinati kanato ang tanang mga klase sa mga kasakit sa ibabaw niining yuta, ug karon kinahanglan kanatong bawion ang espirituhanon nga kalipay nga giwala ni Adan. Aron nga mabuhat kini, kinahanglan kanatong isalikway ang unod, magsunod sa mga tinguha sa Espiritu Santo sa tanang panahon, ug ipugas ang mga binhi sa kalipay ug pagpasalamat sa tanang mga butang. Nganhi, kung idugang kanato ang positibo nga mga kinaiya ug magsunod sa kamaayo, mahimo kanatong hingpit nga mabunga ang bunga sa kalipay.

Kining kalipay maangkon pagkahuman nga masinatian kanato ang mga may kalabotan nga mga relasyon sa daghang mga butang niining yuta, dili sama ni Adan nga nabuhi sa Tanaman sa Eden. Busa, ang kalipay mag-awas gikan sa giladmon sa atong kasingkasing ug kini dili gayud magbag-o. Ang tinuod nga kalipayan nga atong mapangalipayan sa Langit gipaugmad na diha kanato sa ibabaw niining yuta. Unsaon man kanato pagpakita sa kalipay nga maangkon kanato inig kahuman kanato og kabuhi sa yuta ug moadto ngadto sa gingharian sa langit?

Ang Lucas 17:21 nagsulti nga, *"...ug dili usab sila magaingon, 'Dia ra?' o 'Tua ra!' Kay tan-awa, ang gingharian sa Dios anaa ra sa taliwala ninyo."* Naglaum ko nga madali lang kanimo nga mabunga ang bunga sa kalipay diha sa imong kasingkasing aron nga imong matilawan ang Langit sa ibabaw sa yuta ug magdala sa usa ka kinabuhi nga kanunay nga napuno sa kalipayan.

Mga Hebreohanon 12:14

"Panglimbasugi ang pagpakigdinaitay uban sa tanang tawo, ug ang pagkabinalaan nga kon wala kini walay bisan kinsa nga makakita sa Ginoo."

Kapitulo 4

Kalinaw

Ang bunga sa kalinaw
Aron nga mabunga ang bunga sa kalinaw
Ang mga pulong sa kamaayo importante
Maghunahuna sa maalamon nga paagi gikan sa panan-aw sa uban
Ang tinuod nga kalinaw diha sa kasingkasing
Mga panalangin alang sa mga magbubuhat og kadaitan

Kalinaw

Ang mga lugas sa asin dili makita, apan kung sila buhaton nga kristal, mahimo sila nga maanyag nga kubiko nga mga kristal. Ang gamay nga kantidad sa asin matunaw sa tubig ug magbag-o sa tibuok nga istruktura sa tubig. Kini usa ka panimpla kung hain kinahanglan gayud sa pagluto. Ang mikro-nga-elemento sa asin, sa gamay lang kaayo nga kantidad importante kaayo aron nga mapabilin ang mga kapusbuhat sa kinabuhi.

Sama nga ang asin matunaw aron magdugang og palami sa pagkaon ug magpugong sa pagkadunot, gusto sa Dios nga isakripisyo kanato ang atong mga kaugalingon aron nga makahatag og kaayohan ug sa paglimpyo sa uban ug magbunga sa maanyag nga bunga sa kalinaw. Magtan-aw kita karon sa bunga sa kalinaw taliwala sa mga bunga sa Espiritu Santo.

Ang bunga sa kalinaw

Bisan pa nga sila mga tumuluo sa Dios, dili mapadayon sa mga katawohan ang kalinaw sa uban hangtud nga anaa diha kanila ang ilang kinaugalingon, o "kaugalingon". Kung sila maghunahuna nga ang ilang mga ideya husto, lagmit nilang ibaliwala ang mga opinyon sa uban ug molihok og dili-angay. Bisan pa nga adunay naabot nga kasabutan pinaagi sa mga boto sa kadaghanan sa grupo, padayon sila nga magreklamo mahitungod sa desisyon. Magtan-aw sab sila sa mga kakulangan sa mga katawohan kaysa ilang maayo nga mga puntos. Mahimo sab silang magsulti og dili maayo mahitungod sa uban ug magpakaylap sa ingon nga mga butang, busa magpahilayo sa mga katawohan gikan sa usag-usa. Kung anaa kita sa palibot sa ingon nga mga katawohan mahimo kanatong mabati nga morag naglingkod kita sa usa ka katre sa mga tunok ug walay kalinaw. Kung asa may anaa'y mga tigguba-sa-kalinaw, kanunay nga adunay mga problema, mga kasumpakian, ug mga pagtilaw. Kung ang kalinaw naguba sa usa ka nasud, pamilya, usa ka trabahoan, usa ka iglesia, o bisan unsang grupo, ang agianan sa mga panalangin mababagan ug magkaaduna og daghang mga kalisud.

Sa usa ka drama, ang bayani lagi importante, apan ang ubang mga papel ug ang nagsuporta nga trabaho sa matag usa sa mga kawani importante sab. Ang pareho mao sab sa tanang mga organisasyon. Bisan pa nga kini morag usa ka gamay lang nga butang, kung ang matag tawo magbuhat sa iyang obra og tarung ang trabaho tibuok nga mahuman, ug ang ingon nga tawo mahimong mahatagan og mas daku nga papel sa mosunod. Usab, ang usa dili kinahanglan nga mapahitas-on kay tungod lang nga ang trabaho nga iyang gibuhat importante. Kung siya sab motabang sa uban nga magtubo og dungan, ang tanang trabaho mahuman sa kalinaw.

Ang Mga Taga-Roma 12:18 nagsulti nga, *"Kon mahimo, sumala sa inyong takus maarangan, kinahanglan makigdinaitay kamo uban sa tanang tawo."* Ug ang Mga Hebreohanon 12:14 nagsulti nga, *"Panglimbasugi ang pagpakigdinaitay uban sa tanang tawo, ug ang pagkabinalaan nga kon wala kini walay bisan kinsa nga makakita sa Ginoo."*

Nganhi, ang 'makigdinaitay' mao ang pakigbagay sa mga opinyon sa uban, bisan pa nga ang atong mga opinyon husto. Kini mao ang paghatag og kaharuhay sa ubang mga katawohan. Kini usa ka mahinatagon nga kasingkasing kung hain kita mahimong OK sa bisan unsang butang hangtud nga kini anaa sulod sa utlanan sa kamatuoran. Kini mao ang pagsunod sa benepisyo sa uban ug dili maghatag og paboritismo. Kini mao ang pagsulay nga dili mag-angkon og kasamok o kasumpakian sa uban pinaagi sa paglikay gikan sa pagpakita og pagsupak nga personal nga opinyon ug dili sa pagtan-aw sa mga kakulangan sa ubang mga katawohan.

Ang mga anak sa Dios dili lang kinahanglan nga ipadayon ang kalinaw taliwala sa mga bana ug mga asawa, mga ginikanan, ug mga anak, ug mga igsoon ug mga silingan, apan sila sab kinahanglan nga mag-angkon og kalinaw kauban ang tanang mga katawohan. Kinahanglan mag-angkon sila og kalinaw dili lang sa katong ilang hinigugma apan kauban sa katong nagdumot kanila ug naghatag kanila og kalisdanan. Kini hilabihan nga importante nga magpadayon sa kalinaw sa sulod sa iglesia. Dili makatrabaho ang Dios kung ang kalinaw naguba. Kini usa lang ka paghatag og higayon kang Satanas nga magsumbong kanato. Usab, bisan pa kung kita magtrabaho og pag-ayo ug mokab-ot og daku nga mga katuyoan sa pag-alagad sa Dios, dili kita madayeg kung ang kalinaw naguba.

Sa Genesis 26, gipabilin ni Isaac ang kalinaw sa tanang tawo bisan sa usa ka sitwayon kung asa ang ubang mga katawohan nagmahagiton kaniya. Kini mao kung kanus-a si Isaac, aron nga sulayan nga malikayan ang kagutom, niadto sa dapit kung asa ang mga Filistihanon nagpuyo. Nidawat siya og mga panalangin sa Dios, ug ang gidaghanon sa iyang mga panon sa karnero ug panon sa mga baka midaghan ug siya miangkon og daku nga panimalay. Ang mga Filistihanon nanibugho kaniya ug gitabunan ang mga tabay ni Isaac pinaagi sa pagpuno kanila og yuta.

Sila walay igo nga uwan nianang dapita, ug hilabina na sa tiginit walay uwan. Ang mga tabay mao ang ilang katabang. Si Isaac, bisan pa niana, wala makiglalis o nakig-away kanila. Mibiya lang siya sa dapit og mikalot og usa pa ka tabay. Inig kakita kaniya og usa ka tabay pagkahuman og daku kaayo nga kalisdanan, ang mga Filistihanon moanha ug mamugos nga angkonon ang tabay. Bisan pa niana, si Isaac wala gayud miprotesta ug iyaha lang ihatag ang mga tabay. Siya mibalhin sa ubang dapit ug mikalot og uban nga tabay.

Kining panaglibot mibalik-balik sa daghang mga higayon, apan gitratar lang ni Isaac katong mga katawohan sa kamaayo, ug ang Dios nagpanalangin kaniya nga makakuha og tabay bisan asa siya moadto. Sa pagkakita niini, ang mga Filistihanon nakaaamgo nga ang Dios kauban kaniya ug wala na mosamok kaniya. Kung nakigbisog o nakig-away si Isaac kanila kay siya dili makiangayon nga gitratar, mahimo unta siya nga ilang kaaway ug kinahanglan nga mobiya siya nianang dapita. Bisan pa nga mahimo kaniyang mohisgot alang sa iyang kaugalingon sa usa ka angay ug tarung nga pamaagi, dili kini motrabaho kay ang mga Filistihanon nagpangita og away kauban ang dautan nga mga katuyuoan. Alang niining rasona, gitratar sila ni Isaac sa kamaayo ug namunga og bunga sa kalinaw.

Kung kita magbunga sa bunga sa kalinaw niining paagiha, ang Dios magkontrol sa tanang mga sitwasyon aron nga kita mouswag sa tanang mga butang. Karon, unsaon man kanato pagbunga niining bunga sa kalinaw?

Aron nga mabunga ang bunga sa kalinaw

Una, kinahanglan kitang makigdinaitanon sa Dios.
Ang pinakaimportante nga butang sa pagpabilin sa kalinaw kauban ang Dios mao nga kinahanglan wala kitay bisan unsang mga paril sa sala. Kinanghlan nga itago ni Adan ang iyang kaugalingon gikan sa Dios kay iyang gilapas ang Pulong sa Dios ug mikaon sa gidili nga bunga (Genesis 3:8). Sa miaagi, mibati siya og duol kaayo nga kasuod kauban ang Dios, apan karon ang presensiya sa Dios midala og mga pamati sa kakuyaw ug sa gilayon. Kini tungod kay ang kalinaw kauban ang Dios naguba tungod sa iyang sala.

Kini sama diha kanato. Kung kita molihok sa kamatuoran, kita anaa sa kalinaw kauban ang Dios ug adunay pagsalig sa atubangan sa Dios. Lagi, aron nga makaangkon sa kumpleto og hingpit nga kalinaw, kinahanglan kanatong isalikway ang tanang mga sala ug dautan gikan sa atong kasingkasing ug magpakabalaan. Apan bisan nga kita dili pa hingpit, hangtud nga kita kugihan nga magbuhat sa kamatuoran sulod sa gidak-on sa atong pagtoo, maangkon kanato ang kalinaw kauban ang Dios. Dili kita makaangkon og hingpit nga kalinaw kauban ang Dios diha dayon sa sinugdanan, apan makaangkon kita sa kalinaw kauban ang Dios kung sulayan kanatong magsunod sa kalinaw kauban Siya sulod sa gidak-on sa atong pagtoo.

Bisan pa kung atong sulayan nga makaangkon og kalinaw kauban ang mga katawohan, kinahanglan kanatong tinguhaan ang kalinaw kauban ang Dios og una. Bisan pa nga tinguhaan kanato ang kalinaw kauban ang atong mga ginikanan, mga anak, mga esposo, mga higala, ug mga katrabaho, dili kita gayud magbuhat og bisan unsang butang nga batok sa kamatuoran. Kana mao nga, kinahanglan dili kita moguba sa kalinaw sa Dios aron nga masunod ang kalinaw kauban ang mga tawo.

Pananglitan, unsa man kung kita moyukbo sa atubangan sa mga dios-dios o molapas sa Adlaw sa Ginoo aron nga maangkon ang kalinaw kauban ang dili tumuluo nga mga miyembro sa pamilya? Kini morag aduna kita og kalinaw sa kadali lang, apan sa katinuoran seryoso kanatong giguba ang kalinaw kauban ang Dios pinaagi sa pagbuhat og usa ka paril sa sala sa atubangan sa Dios. Dili kita magbuhat og mga sala aron nga maangkon ang kalinaw kauban ang mga katawohan. Usab, kung molapas kita sa Adlaw sa Ginoo aron nga motambong sa kasal sa usa ka miyembro sa pamilya o sa usa ka higala, kini mao ang pagguba sa kalinaw kauban ang Dios, ug human sa tanan, dili kita makaangkon og tinuod nga kalinaw kauban niadtong mga tawhana sab.

Aron kita makaangkon og tinuod nga kalinaw kauban ang mga tawo, kinahanglan una kanatong ipahimuot ang Dios. Unya, papahawaon sa Dios ang kaaway nga yawa ug si Satanas ug bagohon ang mga hunahuna sa dautan nga mga tawo aron nga kita makaangkon og kalinaw kauban ang tanang tawo. Ang Mga Proberbio 16:7 nagsulti nga, *"Kung ang mga dalan sa usa ka tawo makapahimuot sa GINOO, Iyang pagahimoon bisan ang iyang mga kaaway nga makigdaiton uban kaniya."*

Lagi, ang usa ka tawo mahimong mopadayon sa pagguba sa kalinaw kauban kanato bisan pa nga kita nagsulay sa atong pinakamaayo sulod sa kamatuoran. Sa ingon nga kaso, kung kita molihok sulod sa kamatuoran hangtud sa kataposan, ang Dios sa ulahi magtrabaho para sa pinakamaayo sa tanang butang. Kini mao ang kaso ni David ug ni Haring Saul. Tungod sa iyang panibugho si Haring Saul misulay nga patyon si David, apan siya gitratar ni David sa kamaayo hangtud sa kataposan. Si David adunay daghang higayon nga mapatay siya, apan gipili kaniya nga tinguhaan ang kalinaw kauban ang Dios nga nagsunod sa kamaayo. Sa ulahi, gitugotan sa Dios si David nga molingkod sa trono aron nga ibalik kaniya ang iyang maayo nga mga binuhatan.

Ikaduha, kinahanglan aduna kita'y kalinaw sa atong mga kaugalingon.

Aron nga maangkon ang kalinaw sa atong mga kaugalingon, kinahanglan kanatong isalikway ang tanang mga porma sa dautan ug magpakabalaan. Hangtud nga aduna kita'y dautan diha sa atong kasingkasing, ang atong kadaut maukay sumala sa nagkalainlain nga mga sitwayon, ug busa ang kalinaw maguba. Mahimo kanatong hunahunaon nga aduna kita'y kalinaw kung ang mga butang magmaayo sa atong gihunahuna nga mao kini sila, apan ang kalinaw maguba kung ang mga butang dili maayo ug sila moapekto sa atong kadautan diha sa kasingkasing. Kung ang kadumot o kasuko magbukal diha sa atong kasingkasing, unsa kini ka dili komportable! Apan maangkon kanato ang kalinaw sa kasingkasing, bisan unsang mga sirkumstansya, kung kita mopadayon sa pagpili sa kamatuoran.

Pipila ka mga katawohan, bisan pa niana, walay tinuod nga kalinaw diha sa ilang mga kasingkasing bisan pa nga sila nagsulay nga magbuhat sa kamatuoran aron nga maangkon ang kalinaw kauban ang Dios. Kini tungod kay sila nag-angkon sa kinaugalingong-kamatarung ug mga gambalay sa ilang personalidad.

Pananglitan, pipila ka mga katawohan walay kalinaw sa hunahuna kay sila sab nahugpong og pag-ayo sa Pulong sa Dios. Sama kang Job sa wala pa siya miagi sa mga pagtilaw, sila nag-ampo og pag-ayo ug nagsulay nga mabuhi sa Pulong sa Dios, apan wala kanila gibuhat kining mga butanga kauban ang gugma para sa Dios. Sila nabuhi sa Pulong sa Dios gikan sa kakuyaw sa mga pagsilot ug panimalos sa Dios. Ug kung sa higayon nga ilang malapas ang kamatuoran sa pipila ka sirkumstansya, sila makuyawan og pag-ayo nga mahimo silang mangatubang og dili paborable nga mga sangpotanan.

Sa ingon nga kaso, unsa kaha giangoyan ang ilang kasingkasing bisan pa nga sila makugihon nga nagbuhat sa kamatuoran! Busa, ang ilang espirituhanon nga pagtubo moundang o mawala kanila ang kalipay. Human sa tanan, sila nag-antos tungod sa ilang kaugalingong-pagkamatarung ug mga gambalay sa mga hunahuna. Niining kasoha, kaysa nangakabuang sa mga lihok sa pagpabilin sa kasugoan, kinahanglan kanilang sulayan nga ipaugmad ang gugma para sa Dios. Ang usa ka tawo mahimong mangalipay sa tinuod nga kalinaw kung iyang higugmaon ang Dios sa tibuok kaniyang kasingkasing ug makaamgo sa gugma sa Dios.

Adiay usa pa ka pananglit. Pipila ka mga katawohan walay kalinaw sa ilang mga kaugalingon tungod sa ilang negatibo nga mga paghunahuna. Sulayan kanila nga buhaton ang kamatuoran, apan ilang kondehanon ang ilang mga kaugalingon ug pasakitan ang ilang kaugalingong kasingkasing kung dili kanila makuha ang resulta nga ilang gusto. Magbasol sila sa atubangan sa Dios ug mawad-an og kasingkasing nga naghunahuna nga sila nagkulang og maayo. Mawala kanila ang kalinaw nga naghunahuna, 'Unsa man kung ang mga katawohan sa akong palibot nasagmuyo kanako? Unsa man kung mobiya sila kanako?'

Ang ingon nga mga katawohan kinahanglan nga mahimong espirituhanon nga mga anak. Ang paghunahuna niadtong mga bata-a nga nagtoo sa gugma sa ilang mga ginikanan yano ra kaayo. Bisan pa kung sila magbuhat og mga kasaypanan, dili sila motago sa ilang mga ginikanan, apan moadto sa sabakan sa ilang mga ginikanan nga nagsulti nga magbuhat sila og mas maayo. Kung magsulti sila nga sila nagbasol ug magbuhat sila og mas maayo kauban ang mahigugmaong masaligon nga nawong, kini lagmit nga makapayuhom sa ilang mga ginikanan bisan pa nga sila nagsulay nga kasuk-an ang ilang mga anak.

Lagi, kini wala nagpasabot nga magsulti ka lang nga magbuhat ka og mas maayo sa tanang panahon ug padayon nga magbuhat sa samang sayop. Kung tinuod ka nga nagtinguha nga motalikod gikan sa mga sala ug magbuhat og mas maayo sa sunod, nganong iliso man sa Dios ang Iyang nawong pahilayo kanimo? Ang katong tinuod nga naghinulsol dili mawad-an og kasingkasing o maluya tungod sa ubang mga katawohan. Lagi, mahimo silang modawat og mga pagsilot o ibutang sa ubos nga dapit sa pipila ka panahon sumala sa hustisya. Bisan pa niana, kung sila piho sa gugma sa Dios diha kanila, mahimo kanilang kinabubut-on nga madawat ang mga pasilot sa Dios ug ilang ibaliwala ang mga panan-aw o mga komento sa ubang mga katawohan.

Sa sukwahi, ang Dios dili mahimuot kung sila padayon nga magduhaduha, nga naghunahuna nga wala sila gipasaylo sa ilang mga sala. Kung tinuod sila nga naghinulsol ug mitalikod gikan sa ilang mga pamaagi, kini makapahimuot sa mata sa Dios nga magtoo nga sila gipasaylo. Bisan pa nga adunay mga pagtilaw tungod sa ilang mga kasaypanan, sila mahimong mga panalangin kung dawaton kini kanila kauban ang kalipay ug pagpasalamat. Busa, kinahanglan magtoo kita nga gihigugma kita sa Dios bisan pa nga wala pa kita napahingpit, ug siya magpahingpit kanato kung magpadayon lang kita nga magsulay nga magbag-o sa atong mga kaugalingon. Usab, kung kita gipaubos sa usa ka pagtilaw, kinahanglan kanatong magsalig sa Dios nga magpahitaas kanato sa ulahi. Kinahanglan dili kita mobati og kaapurado nga nagpangandoy nga ilhon sa mga katawohan. Kung padayon lang kita nga magtigom og matinud-anon nga kasingkasing ug mga binuhatan, maangkon kanato ang kalinaw sa atong mga kaugalingon ug espirituhanon nga pagsalig.

Ikatulo, kinahanglan makigdinaiton kita sa tanang tawo.

Aron nga mapadayon ang kalinaw kauban sa tanang tawo, kinahanglan mahimo kanatong isakripisyo ang atong mga kaugalingon. Kinahanglan kitang magsakprisyo para sa uban, bisan pa sa punto sa paghatag sa atong mga kinabuhi. Si Pablo misulti nga, "Ako nagakamatay adlaw-adlaw," ug sumala sa iyang gisulti, dili kita magpugos sa atong mga butang, atong mga panan-aw, o mga kagustohan aron makaangkon og kalinaw sa tanang tawo.

Aron makaangkon sa kalinaw, kinahanglan dili kita molihok og dili-angay o magsulay nga ipadayag ug mogarbo sa atong kaugalingon. Kinahanglan kanatong ipaubos ang atong mga kaugalingon gikan sa kasingkasing ug ipahitaas ang uban. Kinahanglan dili kita mapihigon, ug sa maong panahon, kinahanglan kanatong modawat sa nagkalain-lain nga mga pamaagi sa uban, kana mao nga, kung kini sulod sa kamatuoran.

Kinahanglan dili kita maghunahuna sulod sa gidak-on sa atong kaugalingong pagtoo apan gikan sa panan-aw sa uban. Bisan pa nga ang atong opinyon husto, o tingali mas maayo, kinahanglan sa gihapon nga mahimo kanatong magsunod sa mga opinyon sa uban.

Kini wala nagpasabot, bisan pa niana, nga pasagdan lang kanato kini sila nga moadto sa ilang padulongan bisan pa nga katong mga katawohan nagpadulong sa dalan sa kamatayon pinaagi sa pagbuhat og mga sala. Ni kita magkompromiso kanila o mosalmot kanila sa pagbuhat sa mga kabakakan. Kinahanglan kanato usahay nga motambag kanila o badlongon sila kauban ang gugma. Modawat kita og daku nga mga panalangin kung kita mogukod sa kalinaw sulod sa kamatuoran.

Sunod, aron nga makaangkon og kalinaw kauban ang tanang tawo kinahanglan dili kita mopugos sa atong kinaugalingong-pagkamatarung ug mga gambalay. 'Ang mga tigbalayon' mao ang kung unsay gihunahuna sa usa ka tawo nga husto gikan sa sulod sa iyang kaugalingong indibiduwal nga personalidad, pagbati sa pamatasan ug pagkahilig. 'Ang kinakugalingong-pagkamatarung' nganhi mao ang pagpangita nga ipugos sa uban ang mga personal nga opinyon sa usa ka tawo, mga tinuohan ug mga ideya nga makonsiderar sa usa ka tawo nga mas labaw.

Unsa man kung ang usa ka tawo molapas sa mga regulasyon sa kompanya aron magpangatarungan sa iyang mga lihok nga naghunahuna sa iyang kaugalingon nga ang mga regulasyon sayop? Mahimo siyang maghunahuna nga siya nagbuhat sa kung unsay tarung, apan dayag nga ang iyang boss ug kauban sa trabaho maghunahuna sa sukwahi. Usab, kini sumala sa kamatuoran nga mosunod sa mga opinyon sa uban sa kondisyon nga sila dili mga kabakakan.

Ang matag indibiduwal adunay nagkalainlain nga personalidad kay ang matag usa gipadaku sa nagkalainlaing mga kalikopan. Ang matag usa nidawat og nagkalainlain nga edukasyon ug gidak-on sa pagtoo. Busa, ang matag tawo adunay nagkalainlain nga sukdanan sa paghukom sa husto og sayop ug sa maayo o dili-maayo. Ang usa ka tawo mahimo maghunahuna nga ang piho nga butang husto samtang ang usa naghunahuna nga kini sayop.

Atuang pakighinabian ang mahitungod sa relasyon taliwala sa usa ka bana ug usa ka asawa isip nga pananglit. Ang bana nag-antos niini kauban ang gugma sa sinugdanan ug nagbuhat sa pagpanglimpiyo sa iyang kaugalingon. Apan sa pagpadayon niini, siya mipakyas. Siya nagsugod og hunahuna nga ang iyang asawa wala makakuha og tarung nga edukasyon sa balay. Siya natingala nganong dili siya kabuhat og usa ka butang nga simple ra kaayo ug tarung. Dili siya makasabot nganong ang iyang mga pamatasan wala magbag-o bisan pagkahuman sa daghang mga tuig, walay bali sa iyang makanunayong pagtambag.

Apan sa pikas nga bahin, ang asawa adunay usa ka butang sab nga isulti. Ang iyang kahigawad nagkadaku ngadto sa iyang bana nga naghunahuna nga, 'wala man ko gibuhat aron manglimpyo ug magbuhat sa buluhaton sa balay. Usahay kon dili ko makabuhat sa pagpanglimpiyo, kini unta iyang buhaton. Nganong magreklamo man siya mahitungod niini og daku? Kini morag sa una andam siya nga magbuhat sa bisan unsang butang para kanako, apan karon siya nagreklamo sa ingon nga magagmay nga mga butang. Siya bisan pa nagsulti mahitungod sa akong edukasyon sa pamilya!' Kung ang matag usa kanila magpugos sa ilang kaugalingong mga opinyon ug mga paninguha, dili siya makaangkon og kalinaw. Ang kalinaw matukod lang kung ilang ikonsiderar ang panan-aw sa usa ug magsilbi sa usag-usa, ug dili kung sila maghunahuna lang sa ilang kaugalingong mga panan-aw.

Si Hesus misulti kanato nga, kung kita maghatag sa atong mga halad sa Dios, kung kita adunay usa ka butang nga batok sa usa sa atong mga igsoon, kinahanglan una usa kanatong magpasig-uli kaniya ug unya mobalik aron buhaton ang paghalad (Mateo 5:23-24). Ang atong mga halad dawaton lang sa Dios pagkahuman kanato og pag-angkon og kalinaw kauban nianang igsoona ug ihatag ang paghalad.

Ang katong adunay kalinaw kauban ang Dios ug kauban ang ilang kaugalingon dili moguba sa kalinaw kauban ang uban. Dili sila makig-away sa bisan kang kinsa kay tingali ila nang gisalikway ang ilang kahakog, pagkamapahitas-on, garbo, ug kinaugalingong-pagkamatarung ug mga tigbalayon. Bisan pa kung ang uban dautan ug sila maghinungdan og mga kahasol, kining mga katawohan mosakripisyo sa ilang mga kaugalingon aron sa katapusan magbuhat og kalinaw.

Ang mga pulong sa kamaayo importante

Adunay duha ka mga butang nga kinahanglan kanatong ikonsiderar kung kita mosulay nga mopadayon sa kalinaw. Ang Mga

Proberbio 16:24 nagsulti nga, *"Ang makalilipay nga mga pulong ingon sa usa ka udlan sa dugos, matam-is sa kalag ug makapalig-on sa mga bukog."* Ang maayo nga mga pulong naghatag og kalig-on ug kaisog sa katong nagmaluyahon. Sila mahimong maayo nga medisina aron mahiuli ang himalatyon nga mga kalag.

Sa sukwahi, ang dautan nga mga pulong moguba sa kalinaw. Sa kaniadtong si Rehoboam, ang anak nga lalaki ni Haring Solomon, misaka sa trono, ang mga katawohan sa napulo ka mga tribo mihangyo sa hari nga pakubsan ang ilang lisud nga trabaho. Ang hari mitubag, *"Ang akong amahan nagpabug-at sa inyong yugo, apan ako magadugang niana; ang akong amahan nagkastigo kaninyo uban sa mga latigo, apan ako magakastigo kaninyo uban sa mga tanga"* (2 Mga Kronikas 10:14). Tungod niining mga pulong, ang hari ug ang mga tawo mibulag gikan sa usag-usa, kung hain sa ulahi miresulta sa nasud nga matunga sa duha.

Ang dila sa tawo mao usa ka gamay ra kaayo nga bahin sa lawas, apan kini adunay dakung gahum. Kini daku ang kaanggid sa usa ka gamay nga kalayo nga mahimong usa ka dakung kalayo ug maghinungdan og dakung kadaot kung dili makontrol. Tungod niining rasona nagsulti ang Santiago 3:6 nga, *"Ug ang dila maoy usa ka kalayo, sa mga bahin sa atong lawas, ang dila maoy usa ka dautan nga kalibutan nga nagahugaw sa tibuok lawas; nagaduslit sa ligid sa kinaiyahan, ug nga sa iyang kaugalingon siya dinuslitan ug kalayo sa impyerno."* Usab, ang Mga Proberbio 18:21 nagsulti nga, *"Kamatayon ug kinabuhi maoy anaa sa gahum sa dila, ug kadtong mahagugma niini magakaon sa bunga niana."*

Hilabi na, kung kita magsultig mga pulong sa kayugot o mga reklamo tungod sa mga nagkalainlain nga mga opinyon, sila nag-unod og ngil-ad nga mga pamati, ug busa, ang kaaway nga yawa ug si Satanas magdala og mga sumbong tungod kanila. Usab, ang paghambin og mga reklamo ug mga kayugot ug pagpadayag sa ingon nga mga pamati sa gawas isip nga mga pulong ug mga lihok lahi ra kaayo. Ang paggunit sa usa ka botelya sa tinta sa imong bulsa usa ka butang, apan ang pag-abli sa tabon ug ibubo kini usa ka lahi nga butang. Kung imo kining ibubo, kini magmantsa sa mga katawohan sa palibot kanimo ug sa imong kaugalingon.

Sa samang paagi, kung imong buhaton ang buluhaton sa Dios, mahimo kang magreklamo tungod lang kay ang ubang mga butang wala magkasinabot sa imong mga ideya. Unya, ang pipila nga uban nga nagsugot sa imong mga ideya mosulti sa samang paagi. Kung ang gidaghanon motaas ngadto sa duha ug tulo, kini mahimong usa ka sinagoga ni Satanas. Ang kalinaw maguba sa iglesia ug ang pagtubo sa iglesia moundang. Busa, kinahanglan kanatong kanunay nga makita, madungog, ug mosulti lang sa maayo nga mga butang (Mga Taga Efeso 4:29). Kinahanglan dili kanato bisan pa nga madungog ang mga pulong nga dili sa kamatuoran o sa kamaayo.

Maghunahuna sa maalamon nga paagi gikan sa panan-aw sa uban

Unsa pa ang atong hunahunaon og ikaduha mao ang kaso kung asa ikaw walay bisan unsang kalain sa pagbati batok sa usa ka tawo, apan ang kanang tawhana nagguba sa kalinaw. Nganhi, kinahanglan kanimong hunahunaon ang mahitungod sa kung kini ba tinuod nga sayop nianang tawhaha. Usahay, ikaw mao ang hinungdan sa mga rason sa uban nga maguba ang kalinaw nga wala makaamgo niini.

Mahimo kanimong mapasakitan ang mga pagbati sa uban tungod sa imong kadanghag o dili maalamon nga mga pulong o mga linihokan. Sa ingon nga kaso, kung magpadayon ka og paghunahuna nga wala ka naghambin og bisan unsang kalain sa pagbati batok nianang tawhana, dili ka makaangkon og kalinaw nianang tawhana ni moabot sa usa ka kinaugalingong-kaamgohan nga magpahimo kanimong magbag-o. Mahimo unta kanimo nga masusi kung ikaw tinuod nga usa ka magbubuhat og kadaitan bisan pa sa panan-aw nianang tawhana.

Gikan sa panan-aw sa usa ka lideres, mahimo siyang maghunahuna nga siya nagpabilin sa kalinaw apan ang iyang mga trabahador mahimong nag-angkon og kalisdanan. Dili sila dayag nga makalitok sa ilang mga pagbati sa ilang mga superyor. Kini ila lang antuson ug masakitan sa sulod.

Adunay usa ka bantog nga yugto mahitungod kang Primo Ministro Hwang Hee sa Chosun nga Dinastiya. Nakakita siya og usa ka mag-uuma nga nagdaro sa iyang uma gamit ang duha ka toro. Ang ministro nangutana sa mag-uuma sa usa ka makusog nga tingog, "Hain man sa duha ka mga toro ang nagtrabaho og mas lisud?" Ang mag-uuma sa kalit gigunitan ang mga bukton sa ministro ug gidala siya ngadto sa usa ka malayo nga dapit. Siya mihunghong sa iyang mga dunggan, "Ang maitom nga usa usahay tapolan, apan ang dalag nga usa nagtrabaho og mas lisud." "Nganong kinahanglan man kanimo nga dal-on ko nganhi ug maghunghong sa akong mga dunggan aron magpakigpulong mahitungod sa mga toro." Ang pangutana ni Hwang Hee nga adunay yuhom sa iyang nawong. Ang mag-uuma mitubag, "Bisan ang mga mananap dili gusto niini kung kita makigpulong og usa ka butang nga dili-maayo mahitungod kanila." Kini misulti nga si Hwang Hee unya nakaamgo sa iyang mga dili pagkamahunahunaon.

Unsa man kung ang duha ka mga toro makasabot kung unsa ang gisulti sa mag-uuma? Ang dalag nga toro mahimo magmapahitas-on, ug ang maitom nga toro mahimong manibugho nga maghinungdan og mga problema alang sa dalag nga toro o kini mahimong maluya ug dili na kaayo magtrabaho kaysa una.

Gikan niining istoryaha, mahimo kitang makatuon og konsiderasyon bisan pa para sa mga mananap, ug kinahanglan kitang mag-amping nga dili mosulti og bisan unsang mga pulong o magpakita og bisan unsang mga lihok nga mahimong paboritismo. Kung asa may paboritismo, adunay panibugho ug pagkamahitas-on. Panaglitan, kung imong dayegon ang usa lang ka tawo sa atubangan sa daghang mga katawohan, o kung imo lang kasuk-an ang usa ka tawo sa atubangan sa daghang mga katawohan, nan nagbutang ka og nataran para sa pag-alsa og panagsumpaki. Kinahanglan kang magmaampingon ug igo nga maalam nga dili maghinungdan sa ingon nga mga problema.

Usab, adunay mga katawohan nga nag-antos tungod sa paboritismo ug diskriminasyon sa ilang mga boss, ug unya kung sila mahimong mga boss, sila magdiskriminar batok sa pihong mga indibiduwal ug magpakita og paboritismo sa uban. Apan kita nakasabot nga kung ikaw miantos gikan sa ingon nga walay katarung, kinahanglan kang magmaampingon sa imong mga pulong ug mga pamatasan aron nga ang kalinaw dili maguba.

Ang tinuod nga kalinaw diha sa kasingkasing

Usa pa ka butang nga kinahanglan kanimong hunahunaon sa pagtuman sa kalinaw mao nga ang tinuod nga kalinaw kinahanglan nga matuman sa sulod sa kasingkasing. Bisan ang katong walay kalinaw kauban ang Dios o sa ilang kaugalingon mahimong makaangkon sa kalinaw kauban ang ubang mga katawohan sa pipila ka mga gidak-on. Daghang mga tumuluo kanunay nga madungog nga kinahanglan dili kanila gub-on ang kalinaw, aron nga mahimo kanilang makontrol ang ilang malisud nga mga pagbati ug dili mobangga sa uban nga adunay mga opinyon nga lahi gikan sa ilang kaugalingon. Apan ang dili pag-angkon og usa ka gawasnon nga panagbangi wala nagpasabot nga nabunga na kanila ang bunga sa kalinaw. Ang bunga sa Espiritu mabunga dili lang sa gawas apan diha sa kasingkasing.

Pananglitan, kung ang usa ka tawo wala mosilbi kanimo o moila kanimo, mabati kanimo ang pagkayugot, apan mahimong dili kini kanimo ipadayag sa gawas. Mahimo kang maghunahuna nga, 'Kinahanglan kanakong mas daghan pang pailob!' ug sulayan nga mosilbi nianang tawhana. Apan kunohay ang parehong butang mahitabo og usab.

Unya, mahimo kang motapok og kayugot. Dili kanimo direkta nga malitok ang kayugot nga naghunahuna nga kini mopasakit lang sa imong garbo, apan mahimo kanimong dili direkta nga mosaway nianang tawhana. Sa pipila ka paagi mahimo kanimong ipadayag ang imong pamati nga gilutos. Usahay, dili kanimo masabtan ang uban ug kana mopugong sa pag-angkon og kalinaw kauban kanila. Imo lang isira ang imong baba nga nahadlok nga mahimo kang moangkon og mga away kung molalis ka. Dili na lang kanimo tagdon kanang tawhana nga nagtan-aw og ubos kaniya nga naghunahuna, 'Siya dautan ug sobra ra mamugos sa iyang kaugalingon nga dili ko maka-istorya kaniya.' Niining paagi, wala kanimo giguba ang kalinaw sa gawas, apan wala ka'y maayo nga mga pagbati nianang tawhana sab. Wala ka mouyon sa iyang mga opinyon, ug mahimo kang mobati nga dili ka gusto nga makigkauban kaniya. Mahimo ka pang moreklamo mahitungod kaniya pinaagi sa pakigpulong sa uban mahitungod sa iyang mga kakulangan. Imong hisgotan ang imong dili pagkakomportable nga mga pagbati nga nagsulti nga, "Siya dautan gayud. Unsaon man pagkasabot sa bisan kang kinsa kaniya ug sa iyang gibuhat! Apan sa paglihok sa kamaayo, sa gihapon nag-antos ako kauban kaniya." Lagi, mas maayo nga dili gub-on ang kalinaw niining paagi kaysa direkta nga moguba sa kalinaw.

Apan aron makaangkon og tinuod nga kalinaw, kinahanglan kanimong mosilbi sa uban gikan sa kasingkasing. Kinahanglan dili kanimo punggan ang ingon nga mga pagbati ug sa gihapon gustong silbihan. Kinahanglan aduna ka'y kagustohan nga mosilbi ug mangita sa benepisyo sa uban.

Kinahanglan dili moyuhom ka lang sa gawas samtang naghukom sa sulod. Kinahanglan kanimong sabton ang uban gikan sa ilang panan-aw. Mao lang unya pagtrabaho sa Espiritu Santo. Bisan pa nga sila nagpangita sa ilang kaugalingon, sila mairog sa ilang mga kasingkasing ug mausab. Kung ang matag tawo nga nalambigit adunay mga kakulangan, ang matag usa ang mahimong moangkon sa pagbasol. Sa ulahi, ang tanang tawo mahimong makaangkon sa tinuod nga kalinaw ug mahimong makig-ambit sa ilang nga kasingkasing.

Mga panalangin alang sa mga magbubuhat og kadaitan

Ang katong adunay kalinaw kauban ang Dios, sa ilang kaugalingon, ug kauban ang tanang tawo, adunay kagahum nga pahawaon ang kangitngit. Busa, mahimo silang makatuman sa kalinaw sa palibot kanila. Sumala sa gisulat sa Mateo 5:9, *"Bulahan ang mga magbubuhat ug kadaitan, kay sila pagatawgon nga mga anak sa Dios,"* sila adunay kagahum sa mga anak sa Dios, ang kagahum sa kahayag.

Pananglitan, kung ikaw usa ka lideres sa iglesia, mahimo kang motabang sa mga tumuluo nga magbunga sa bunga sa kalinaw. Kana mao nga, mahimo kang mohatag kanila sa Pulong sa kamatuoran kay nag-angkon ka sa awtoridad ug kagahum, aron nga sila mahimong mobiya gikan sa mga sala ug moguba sa ilang kinaugalingong-pagkamatarung ug mga tigbalayon. Kung ang mga sinagoga ni Satanas mabuhat nga magpahilayo sa mga katawohan gikan sa usag-usa, mahimo kanimong maguba sila gamit ang kagahum sa imong pulong. Niining paagi, mahimo kang modala sa kalinaw taliwala sa nagkalainlain nga mga katawohan.

Nagsulti ang Juan 12:24 nga, *"Sa pagkatinuod, sa pagkatinuod, magaingon ako kaninyo, nga ang usa ka lugas trigo kinahanglan mahulog sa yuta ug mamatay, kay kon dili man, nan, magapabilin kini nga mag-inusara; apan kon kini mamatay, nan, mamunga kinig daghan."* Gisakripisyo ni Hesus ang Iyang kaugalingon ug namatay nga morag usa ka lugas sa trigo ug nagbunga og dili-maihap nga mga bunga. Iyang gipasaylo ang mga sala sa dili-maihap nga mga himalatyon nga mga kalag ug gitugogan sila nga makaangkon og kalinaw kauban ang Dios. Isip nga resulta, ang Ginoo sa Iyang kaugalingon nahimong Hari sa tanang hari ug Ginoo sa tanang ginoo nga nagdawat og daku nga dungog ug himaya.

Mahimo kitang makaangkon og dayag nga ani kung ato lang isakripisyo ang atong mga kaugalingon. Ang Dios nga Amahan gusto nga ang Iyang mga hinigugma nga mga anak nga magbuhat og sakripisyo ug 'mamatay nga morag trigo' aron magbunga og dayag nga bunga sama sa gibuhat ni Hesus. Miingon sab si Hesus sa Juan 15:8 nga, *"Ang akong Amahan mapasidunggan sa diha nga mamunga kamog daghan, ug nga sa ingon pagahimatud-an nga kamo akong mga tinun-an."* Sumala sa gisulti, magsunod kita sa mga tinguha sa Espiritu Santo aron magbunga sa bunga sa kalinaw ug aron makadala og daghang mga kalag ngadto sa dalan sa kaluwasan.

Ang mga Hebreohanon 12:14 nagsulti nga, *"Panglimbasugi ang pagpakigdinaitay uban sa tanang tawo, ug ang pagkabinalaan nga kon wala kini walay bisan kinsa nga makakita sa Ginoo."* Bisan pa nga ikaw hingpit nga husto, kung ang uban adunay dili komportable nga mga pagbati tungod kanimo ug kung adunay mga panagbangi, dili kini husto sa panan-aw sa Dios, ug busa, kinahanglan kanimong magtan-aw og balik sa imong kaugalingon. Unya, mahimo kang usa ka balaan nga tawo nga walay mga porma sa dautan ug mahimong makakita sa Ginoo. Sa pagbuhat niana, naglaum ko nga mapangalipayan kanimo ang espirituhanon nga awtoridad niining yuta pinaagi sa pagtawag nga mga anak sa Dios, ug magkuha og dungganon nga posisyon sa Langit kung asa makita kanimo ang Ginoo sa tanang panahon.

Santiago 1:4

"Mao lamang nga kinahanglan ang pagkamainantuson inyong tugotan sa hingpit nga pagbuhat aron kamo mamahingpit ug masangkap nga walay makulang."

Nga sa Maong mga Butang Walay Kasugoan nga Kabatok

Kapitulo 5

Pailob

Pailob nga dili kinahanglan nga magpailob

Ang bunga sa pailob

Pailob sa mga amahan sa pagtoo

Pailob aron makaadto sa langitnon nga gingharian

Pailob

Sa kanunay kini morag ang kalipayan sa kinabuhi nagdepende sa kung kita ba makapailob o dili. Taliwala sa mga ginikanan ug mga anak ug mga bana ug mga asawa, taliwala sa mga managsoon ug kauban sa mga higala, ang mga katawohan magbuhat sa mga butang nga ilang hinulsolan og pag-ayo kay sila wala magpailob. Ang pagkamalamposon ug kapakpas sa atong pagtuon, trabaho, o negosyo nagdepende sab sa atong pailob. Ang pailob usa ka ingon nga importante nga elemento sa atong mga kinabuhi.

Ang espirituhanon nga pailob ug unsang gihunahuna nga pailob sa kalibutanon nga mga katawohan nagkalainlain nga gihukman gikan sa usag-usag. Ang mga katawohan niining kalibutan mag-antos kauban ang pailob, apan kini unodnon nga pailob. Kung sila adunay malisud nga mga pagbati, Sila mag-antos og pag-ayo sa pagsulay nga sumpoon sila. Mahimo kanilang itakom ang ilang mga ngipon o bisan pa moundang sa pagkaon. Sa ulahi kini magpadulong sa mga problema sa pagkanerbyos o depresyon. Apan sila magsulti nga ang ingon nga mga katawohan nga mahimong masumpo ang ilang mga pagbati magpakita og daku nga pailob. Apan dili kini espirituhanon nga pailob gayud.

Pailob nga dili kinahanglan nga magpailob

Ang espirituhanon nga pailob dili nga magpailob sa dautan apan sa kamaayo lang. Kung ikaw magpailob sa kamaayo, mahimo kanimong mabuntog ang mga kalisdanan kauban ang pagpasalamat ug paglaum. Kini magadala ngadto sa pag-angkon og mas halapad nga kasingkasing. Sa sukwahi, kung ikaw magpailob sa dautan, ang imong mangil-ad nga mga pagbati mopundok ug ang imong kasingkasing magkadugang og pagkasagalsalon.

Kunohay adunay usa ka tawo nga nagpanunglo kanimo ug naghatag kanimo og kasakit nga walay hinungdan. Mahimo kanimong mabati nga ang imong garbo nasakitan ug bisan pa mobati nga nabiktima, apan kini imo sab mapunggan nga naghunahuna nga kinahanglan kanimong magpailob sumala sa Pulong sa Dios. Apan ang imong nawong namula, ang imong pagginhawa mikusog, ug ang imong mga ngabil mihugot sa imong pagsulay nga makontrol ang imong mga hunahuna ug mga emosyon. Kung imong punggan ang mga pagbati niining paagiha, kini sila mahimong mogawas sa ulahi kung ang mga butang mas mograbe. Ang ingon nga pailob dili espirituhanon nga pailob.

Kung aduna ka'y espirituhanon nga pailob, ang imong kasingkasing dili maukay sa bisan unsang butanga. Bisan pa nga ikaw dili tarung nga giakusahan sa usa ka butang, imo lang pahupayon ang ubang mga katawohan nga naghunahuna nga tingali adunay dili lang pagkasinabot. Kung nag-angkon ka sa ingon nga kasingkasing, dili kanimo kinahanglan nga 'mag-antos' o 'magpasaylo' sa bisan kang kinsa. Tugoti ko og hatag kanimo og sayon nga ilustrasyon.

Sa usa ka matugnaw nga tingtugnaw nga gabii, usa ka piho nga balay adunay mga suga nga gipasiga hangtud sa kagab-ihon. Ang bata sa balay adunay hilanat nga misaka ngadto sa 40 °C (104 °F). Ang amahan sa bata gihumod ang iyang T-shirt sa mabugnaw nga tubig ug gikugos ang bata. Sa pagbutang sa amahan og mabugnaw nga tuwalya sa bata kini mikurat kaniya ug dili kaniya nagustohan. Apan ang bata napahupay sa mga butkon sa iyang amahan, bisan pa nga ang T-shirt mabati nga tugnaw sa kadali.

Sa pagkainit sa T-shirt tungod sa hilanat sa bata, ang amahan mobasa og usab niini sa matugnaw nga tubig. Ang amahan nagkinahanglan nga bas-on ang T-shirt sa pila ka beses una moabot ang buntag. Apan morag wala siya bisan unsang kakapoy. Apan hinoon siya nagtan-aw kauban ang mahigugmaon nga mga mata sa iyang bata nga natulog sa seguridad sa iyang mga butkon. Bisan pa nga siya wala nakatulog sa tibuok gabii, wala siya'y mga reklamo sa kagutom o kakapoy. Wala siya og higayon nga maghunahuna sa iyang kaugalingong lawas. Ang tanan kaniyang atensyon natutok sa bata ug naghunahuna kung unsa ang buhaton kaniya aron nga mobati og mas maayo ug mas komportable and iyang anak. Ug unya pagkaayo sa bata, wala siya naghunahuna sa iyang kabudlay. Kung atong hinigugma ang usa ka tawo, mahimo kanatong awtomatik nga maantos ang mga kalisdanan ug kabudlay, ug busa, dii kanato kinahanglan nga magpailob mahitungod sa bisan unsang butanga. Kini mao ang espirituhanon nga kahulogan sa 'pailob'.

Ang bunga sa pailob

Atong makita ang 'pailob' sa 1 Mga Taga-Corinto kapitulo 13, ang "Gugma nga Kapitulo", ug mao kini ang pailob aron mapaugmad ang gugma. Pananglitan, kini nagsulti nga ang gugma wala magpangita sa iyang kaugalingon. Aron nga atong mahatag ang unsang atong gusto ug pangitaon ang benepisyo sa uban og una sumala niining pulonga, mangatubang kita sa mga sitwasyon nga nagkinahanglan sa atong pailob. Ang pailob sa "Gugma nga Kapitulo" mao ang pailob aron mapaugmad ang gugma.

Apan ang pailob nga usa sa mga bunga sa Espiritu Santo mao ang pailob sa tanang butang. Kining pailob usa ka mas taas nga lebel kaysa pailob sa espirituhanon nga gugma. Adunay daghang mga kalisud kung atong sulayan nga makab-ot ang usa ka tuyo, kung kini ba para sa gingharian sa Dios o personal nga pagpabalaan. Adunay pagbangotan ug kabudlay nga mogamit sa tanan kanatong enerhiya. Apan atong mapailobon nga maantos kauban ang pagtoo ug gugma tungod aduna kita'y paglaum nga maani ang bunga. Kining klase sa pailob mao ang pailob isip nga usa sa mga bunga sa Espiritu Santo. Adunay tulo ka mga aspeto niining pailob.

Ang una mao ang pailob aron mabag-o ang atong kasingkasing.

Sa mas kadaghang dautan nga aduna kita diha sa atong kasingkasing, mas kadaghang kalisud kini nga magpailob. Kung aduna kita'y mga gidaghanon sa kasuko, pagkamapahitas-on, kahakog, kinaugalingong-pagkamatarung ug kinaugalingong-buhat nga mga tigbalayon, kita mag-angkon og mga kasuko ug malisud nga mga pagbati nga motungha sa ibabaw sa magagmay nga mga butang.

Adunay usa ka miyembro sa iglesia nga ang bulanan nga kinitaan mga 15,000 ka US nga dolyares, ug sa usa ka piho nga bulan ang iyang kinitaan mas kubos kaysa naandan. Unya, siya suya nga mireklamo batok sa Dios. Sa ulahi siya mikompisal nga wala siya nagmapasalamaton sa iyang kaadunahan nga iyang gipangalipayan kay siya adunay kahakog diha sa iyang kasingkasing.

Kinahanglan kanatong magpasalamaton sa tanang butang nga gihatag sa Dios kanato, bisan pa nga nga kita wala nagpangita og daghan kaayong kuwarta. Unya, ang kahakog dili motubo diha sa atong kasingkasing ug kita mahimong modawat sa mga panalangin sa Dios.

Apan sa atong pagsalikway sa dautan ug mapabalaan, kini nagkasayon ug nagkasayon nga magpailob. Mahimo kanatong makaantos nga naghilom bisan pa sa lisud nga mga sitwasyon. Mahimo lang kanatong masabtan ug mapasaylo ang uban nga dili magpugong sa bisan unsang butanga.

Ang Lucas 8:15 nagsulti nga, *"Ug bahin niadtong diha sa maayong yuta, kini mao kadto sila nga sa ilang pagka-dungog sa pulong mosagop niini diha sa maminatud-on ug maayong kasingkasing, ug magapamunga uban sa pailob."* Kana mao nga, ang katong adunay maayo nga mga kasingkasing sama sa maayong yuta, mahimong magpailob hangtud nga sila makabunga sa maayong mga bunga.

Bisan pa niana kinahanglan sa gihapon kanato og pag-antos ug kinahanglan kanatong magpaningkamot aron mabag-o ang atong mga kasingkasing ngadto sa maayong yuta. Ang pagkabalaan dili awtomatik nga makab-ot sa atong lang tinguha nga maangkon kini. Kinahanglan kanatong buhaton ang atong mga kaugalingon nga masinugtanon sa kamatuoran pinaagi sa pag-ampo og madilaabon sa tanan kanatong mga kasingkasing ug kauban ang pagpuasa. Kinahanglan kanatong moundang sa kung unsang atong gihigugma sa una, ug kung ang usa ka butang dili espirituhanon nga makabenipisyo, kinahanglan kanatong isalikway kini. Kinahanglan kanatong moundang sa tunga-tunga o moundang lang sa pagsulay pagkahuman og sulay niini sa duha ka beses. Hangtud nga atong hingpit nga maani ang bunga sa pagkabalaan ug hangtud makab-ot kanato ang atong tuyo, kinahanglan kanatong buhaton ang atong pinakamaayo kauban ang pagpugong-sa-kaugalingon ug paglihok pinaagi sa Pulong sa Dios.

Ang katapusang destinasyon sa atong pagtoo mao ang gingharian sa langit, ug hilabi na, ang pinakamaanyag nga puy-anan, ang Bag-ong Herusalem. Kinahanglan kanatong magpadayon kauban ang pagkugi ug pailob hangtud nga makaabot kita sa destinasyon.

Apan usahay, makita kanato ang mga kaso kung hain ang mga katawohan masinati ang usa ka paghinay sa kapaspas sa pagpabalaan sa ilang mga kasingkasing pagkahuman og pagdala sa usa ka makugihon nga Kristohanon nga kinabuhi.

Ilang isalikway ang 'mga buhat sa unod' og kadali kay kini sila mao ang mga sala nga maobserbahan sa gawas. Apan tungod kay ang 'mga butang sa unod' dili makita sa gawas, unsa kapaspas kini kanila masalikway mohinay. Kung makita kanila ang kabakakan niini, moampo sila og pag-ayo aron nga masalikway kini, apan ila lang kining kalimtan pagkahuman og pipila ka adlaw. Kung gusto kanimong hingpit nga makuha ang sagbot, dili lang kanimo ibton ang dahon, apan kinahanglan imong ibton ang gamot niini. Ang parehong prinsipyo nag-aplikar sa makakasala nga mga kinaiya. Kinahanglan kanimong mag-ampo ug magbag-o sa imong kasingkasing hangtud sa katapusan, hangtud nga imong maibot ang gamot sa makakasala nga mga kinaiya.

Sa kaniadtong bag-o pa ko nga tumuluo, miampo ko aron masalikway ang piho nga mga sala, kay akong nasabtan samtang nagbasa sa Biblia nga gikadumtan og pag-ayo sa Dios ang makakasala nga mga kinaiya ingon sa kadumot, kasuko, ug pagkamapahitas-on. Sa akong determinado nga pagsunod sa akong maako-akohon nga mga perspektibo, dili kanako masalikway ang kadumot ug ngil-ad nga mga pagbati gikan sa akong kasingkasing. Apan sa pag-ampo gitagaan ko sa Dios og grasya nga makasabot sa uban gikan sa ilang mga panglantaw. Ang tanan kanakong malisud nga mga pagbati batok kanila natunaw ug ang akong kadumot nawala.

Natun-an kanako nga magpailob sa akong pagsalikway sa kasuko. Sa usa ka sitwasyon kung asa ako dili tarung nga giakusahan, miihap ko sa akong pangisip, 'usa, duha, tulo, upat...' ug gipunggan ang mga pulong nga gustong isulti. Sa una, lisud kini nga punggan ang akong kasuko, apan sa akong padayon nga pagsulay, ang akong kasuko ug iritasyon nag-anam-anam og biya. Sa ulahi, bisan sa usa ka masuk-anon-nga-paghagit nga sitwasyon, wala ko'y bisan unsang butang nga mogawas gikan sa akong pangisip.

Nagtoo ko nga mikuha kini og tulo ka tuig aron masalikway ang pagkamapahitas-on. Sa kaniadtong bagito pa ko sa pagtoo wala gani ko nakahibalo kung unsa ang pagkamapahitas-on, apan miampo lang ko aron masalikway kini. Padayon ko nga nagsusi sa akong kaugalingon samtang nag-ampo. Isip nga resulta, nahimo kanakong motahod ug maghatag og dungog bisan pa sa mga katawohan nga morag ubos kanako sa daghang mga aspeto. Sa ulahi, nahimo kanakong mosilbi sa ubang kapareho nga mga pastor kauban ang sama nga pamatasan kung sila ba anaa sa nagpangulo nga mga posisyon o bag-o lang naordinahan. Pagkahuman og pailobon nga pag-ampo alang sa tulo ka tuig, akong naamgohan nga wala na ko'y bisan unsang mga kinaiya sa pagkamapahitas-on diha kanako, ug gikan nianang panahona dili na ko kinahanglan nga mag-ampo mahitungod sa akong pagkamapahitas-on.

Kung dili kanimo ibton ang mga gamot sa makakasala nga kinaiya, kanang partikular nga kinaiya sa sala motungha sa usa ka hilabihang sitwayon. Mahimo kang mapalaw kung imong maamgohan nga anaa gihapon kanimo ang mga pamatasan sa bakakon nga kasingkasing kung hain naghunahuna ka nga nasalikway na kanimo. Mahimo kang maluya nga naghunahuna nga, 'Gisulayan kanako og pag-ayo nga masalikway kini, apan sa gihapon anaa gihapon kini sulod kanako.'

Mahimo kang makakita og mga porma sa kabakakan sulod kanimo hangtud nga imong maibot ang orihinal nga gamot sa makakasala nga kinaiya, apan kini wala nagkahulogan nga wala ka nagbuhat og espirituhaon nga pag-uswag. Kung imong panitan ang usa ka sibuyas, makita kanimo ang pareho nga klase sa mga sapaw usab og usab. Apan kung magpadayon ka og pagpanit nga dili mohunong, ang sibuyas sa katapusan mawala. Kini sama sa makakasala nga kinaiya. Kinahanglan dili ka magluya tungod lang kay wala pa kanimo hingpit nga masaliway kini sila. Kinahanglan mag-angkon ka og pailob hangtud sa katapusan ug magpadayon nga mas sulayan og pag-ayo samtang nagpaabot sa pagtan-aw sa imong kaugalingon nga nag-bag-o.

Ang pipila ka uban nga mga katawohan maluya kung dili sila makadawat og materyal nga mga panalangin pagkahuman kanila og lihok sumala sa Pulong sa Dios. Sila naghunahuna nga wala sila nakadawat og bisan unsang butang nga balik puyra sa usa ka pagkawala kung sila maglihok sa kamaayo. Ang pipila ka mga katawohan magreklamo pa gani nga sila makugihon nga mosimba sa iglesia apan wala modawat og mga panalangin. Lagi, walay mga rason aron magreklamo. Kini tungod lang nga wala sila makadawat og mga panalangin sa Dios tungod kay sila sa gihapon nagbuhat sa mga kabakakan ug wala mosalikway sa mga butang nga gisulti sa Dios nga atong isalikway.

Ang katinuoran nga sila nagreklamo nagpamatuod nga ang pagtutok kanila sa pagtoo nawani. Dili ka kapuyon kung ikaw naglihok sa kamaayo ug sa kamatuoran kauban ang pagtoo. Sa mas kadaghan kanimong lihok sa kamaayo, mas kadaghan kang mangalipay, busa ikaw nagkahidlaw para sa mas kadaghang mga butang sa kamaayo. Kung mapabalaan ka pinaagi sa pagtoo niining paagiha, ang imong kalag mouswag, ang tanang butang magmaayo diha kanimo, ug ikaw mahimsog.

Ang ikaduha nga klase sa pailob mao ang kanang taliwala sa mga tawo.

Kung anaa ka'y interaksyon sa mga katawohan nga adunay nagkalainlain nga mga personalidad ug mga edukasyon, mahimong adunay mga sitwasyon nga motungha. Hilabi na, ang usa ka iglesia usa ka dapit kung asa ang mga katawohan gikan sa halapad nga han-ay sa mga sirkumstanya motapok. Busa, nagsugod sa magagmay nga mga butang ngadto sa daku ug seryoso nga mga butang, mahimo kamong moangkon og nagkalainlain nga mga hunahuna, ug ang kalinaw mahimong maguba sab.

Unya, ang mga katawohan mahimong magsulti nga, "Ang iyang paagi sa paghunahuna hingpit nga lahi gikan sa ako. Lisud kini para kanako nga magtrabaho kauban siya kay kami adunay lahi nga mga personalidad." Apan bisan taliwala sa bana ug asawa, unsa man kadaghan nga mga magtiayon ang adunay hingpit nga nagbagay nga mga personalidad? Ang ilang mga gawi ug mga gusto lahi, apan kinahanglan kanilang motugyan sa matag usa aron nga mahiangay sa usag-usa.

Ang katong nagkahidlaw sa pagpabalaan magpailob sa bisan unsang klase sa sitwasyon kauban ang bisan unsang klase sa tawo ug magpabilin sa kalinaw. Bisan sa pipila ka lisud ug dili komportable nga mga sitwasyon, sila magsulay nga moakomodar sa uban. Kanunay kanilang sabton ang uban kauban ang maayo nga mga kasingkasing ug sila mag-antos samtang nagpangita sa benepisyo sa uban. Bisan pa kung ang uban molihok og dautan, sila mag-antos kauban kanila. Ilang bayran kining dautan sa kamaayo lang, ug dili sa dautan.

Kinahanglan sab kanatong magpailob kung kita magpasangyaw o motambag sa mga kalag, o kung kita mobansaybansay sa mga nagtrabaho sa iglesia aron matuman ang gingharian sa Dios. Samtang nagbuhat og usa ka pastoral nga pangalagad, makita kanako ang pipila ka mga katawohan nga hinay kaayo ang pagbag-o. Sa ilang paghigala sa kalibutan ug kaulawan ang Dios, mipatulo ko og daghang mga luha sa pagbangotan, apan wala gayud ko mibiya kanila gikan sa akong bahin. Kanunay ko nga nag-antos kanila kay anaa ko'y paglaum nga sila magbag-o sa pipila ka adlaw.

Sa akong pagpadaku sa mga nagtrabaho sa iglesia, kinahanglan kanakong magpailob sa taas kaayo nga panahon. Dili lang kanako madirektahan ang tanang mga sakop o pwersahon sila nga buhaton ang akong gusto. Bisan pa nga nakahibalo ko nga ang mga butang matuman og mas mahinay, dili kanako makuha ang katungdanan gikan sa mga nagtrabaho sa iglesia, nga nagsulti, "Dili ka sarang nga makahimo. Undang ka na og trabaho." Ako lang sila antuson ug mogiya kanila hangtud nga sila makasarang na. Naghulat ko kanila alang sa lima, napulo, o napulog lima ka mga tuig aron nga sila makaangkon sa abilidad aron matuman ang ilang mga katungdanan pinaagi sa espirituhanon nga pagbansaybansay. Dili lang sa kung sila dili makabunga sa bisan unsang bunga, apan usab kung sayop ang ilang pagbuhat sa mga butang, nag-antos ko kanila aron nga dili sila mahipangdol. Mahimong mas sayon pa kini kung ang usa ka tawo nga adunay kaarang ang magbuhat lang niini para kanila, o kung ang kanang tawhana pulihan sa usa ka tawo nga mas makasarang. Apan ang rason nganong nag-antos ko hangtud sa katapusan mao nga para sa matag mga kalag. Kini sab aron nga mas hingpit nga matuman ang gingharian sa Dios.

Kung imong ipugas ang binhi sa pailob niining paagiha, piho nga makaangkon ka sa bunga sumala sa katarung sa Dios. Pananglitan, kung moantos ka sa pipila ka mga kalag hangtud nga sila magbag-o, mag-ampo kanila kauban ang mga luha, moangkon ka sa halapad nga kasingkasing aron nga mahambin silang tanan. Busa, maangkon kanimo ang awtoridad ug ang kagahum nga mahiuli ang daghang mga kalag. Maangkon kanimo ang kagahum nga mabag-o ang mga kalag nga imong nahambin diha sa imong kasingkasing pinaagi sa pag-ampo sa usa ka matarung nga tawo. Usab, kung imong makontrol ang imong kasingkasing ug ipugas ang binhi sa pagkamainantuson bisan sa atubangan sa bakak nga mga pasangil, tugotan ka sa Dios nga maani ang bunga sa mga panalangin.

Ikatulo mao ang pailob sa atong relasyon kauban ang Dios.

Kini nagpasabot sa pailob nga kinahanglan kanimong maangkon hangtud nga imong madawat ang tubag sa imong pag-ampo. Ang Marcos 11:24 nagsulti nga, *"Busa sultihan ko kamo, nga bisan unsay inyong pangayoon pinaagi sa pag-ampo, toohi nga inyo na kini nga nadawat, ug kamo magadawat niini."* Mahimo kanatong tuohan ang tanang kan-uman og unom ka mga libro sa Biblia kung kita adunay pagtoo. Adunay mga saad ang Dios nga atong madawat ang kung unsay atong gipangayo, ug busa makab-ot kanato ang bisan unsang butanga kauban ang pag-ampo.

Apan lagi, kini wala nagpasabot nga moampo lang kita og walay buhaton. Kinahanglan kanatong buhaton ang Pulong sa Dios sa paagi nga mahimo kanatong madawat ang tubag. Pananglitan, usa ka estudyante nga ang mga grado nagranggo nga anaa sa mga tunga-tunga sa iyang klase nag-ampo nga siya mahimong anaa sa taas nga estudyante. Apan siya nagdagaw sa iyang mga klase ug wala magtuon. Mahimo ba siyang mabutang sa taas sa iyang klase? Kinahanglan kaniyang motuon og maayo samtang nag-ampo aron nga ang Dios motabang kaniya nga mahimong anaa sa taas sa iyang klase.

Ang pareho mao sab sa mga negosyo. Maikagon ka nga nag-ampo para sa imong negosyo nga molambo, apan ang imong tuyo mao nga makaangkon og usa pa ka balay, mamuhunan sa real estate, ug magkuha og usa ka maluho nga kotse. Mahimo ba kanimong madawat ang tubag sa imong pag-ampo? Lagi, gusto sa Dios nga ang Iyang mga anak mabuhi sa kinabuhi nga dagaya, apan ang Dios dili mapahimuot sa mga pag-ampo nga nangayo sa mga butang aron matuman ang kahakog sa usa ka tawo. Apan kung gusto kanimong makadawat og mga panalangin aron nga matabangan ang nagkinahanglan ug magsuporta sa mga buluhaton sa misyonaryo, ug kung magsunod ka sa husto nga dalan nga wala nagbuhat og bisan unsang butanga nga ilegal, ang Dios piho nga magadala kanimo sa dalan sa mga panalangin.

Adunay daghang mga saad sa Biblia nga sabton sa Dios ang mga pag-ampo sa Iyang mga anak. Apan sa daghang mga kaso ang mga katawohan wala makadawat sa ilang mga tubag kay dili sila igo nga mapailobon. Ang mga tawo mahimong mangayo para sa diha-diha nga tubag, apan ang Dios mahimong dili motubag kanila gilayon.

Ang Dios motubag kanila sa pinakaangay ug pinakamaayo nga panahon kay Siya nakahibalo sa tanang butang. Kung ang tuyo sa ilang pag-ampo nga pangayo usa ka butang nga daku ug importante, matubag lang kini sila sa Dios kung ang gidaghanon sa pag-ampo mapuno. Sa kaniadtong miampo si Daniel aron madawat ang pinadayag sa espirituhanon nga mga butang, gipadala sa Dios ang Iyang angel aron nga motubag sa pag-ampo sa diha nga si Daniel misugod og ampo. Apan kini mikuha og kaluhaan og usa ka mga adlaw ang kadugayon una pa aktuwal nga makita ni Daniel ang anghel. Alang niadtong kaluhaan og usa ka mga adlaw si Daniel mipadayon og pag-ampo kauban ang parehong maikagon nga kasingkasing sa katong siya misugod og pag-ampo. Kung kita tinuod nga motoo nga nahatag na kanato ang usa ka butang, nan dili na kini lisud nga maghulat nga dawaton kini. Kita maghunahuna lang mahitungod sa kalipay nga maangkon kanato inig aktuwal na kanato'g dawat sa mga solusyon sa atong problema.

Ang pipila ka mga tumuluo dili makahulat hangtud nga

madawat kanila ang kung unsang ilang gipangayo sa Dios sa pag-ampo. Mahimo silang mag-ampo ug magpuasa arong mangayo sa Dios, apan kung ang tubag dili dayon moabot, mahimo silang moundang nga naghunahuna nga dili ang Dios motubag kanila.

Kung tinuod kita nga mitoo ug miampo, dili kita maluya o moundang. Wala kita makahibalo kung kanus-a ang tubag moabot: ugma, karong gabii, pagkahuman og sunod nga pag-ampo, o pagkahuman og usa ka tuig. Ang Dios nakahibalo sa hingpit nga panahon aron ihatag kanato ang tubag.

Ang Santiago 1:6-8 nagsulti nga, *"Hinoon kinahanglan nga mangayo siya uban sa pagtoo, sa walay pagduhaduha, kay siya nga nagaduhaduha sama sa balud sa dagat, nga ginahandos ug ginakosokoso sa hangin. Ayaw ipadahum sa maong tawo nga siya adunay madawat gikan sa Ginoo, siya nga maoy tawong tagurhag panghunahuna, nga mabalhinon sa tanan niyang mga paagi."*

Ang importante lang nga butang mao nga kung unsa kahugot kita magtoo kung kita mangampo. Kung tinuod kita nga nagtoo nga nadawat na kanato ang tubag, mahimo kitang malipay ug managsadya sa bisan unsang klase sa sitwasyon. Kung aduna kita'y pagtoo nga madawat ang tubag, kita mag-ampo ug maglihok kauban ang pagtoo hangtud nga ang bunga mahatag diha sa atong mga kamot. Dugang pa, kung kita moagi og mga kasakit sa kasingkasing o mga panglutos samtang nagbuhat sa buluhaton sa Dios, mahimo kanatong magbunga sa mga bunga sa kamaayo pinaagi lang sa pailob.

Pailob sa mga amahan sa pagtoo

Magkaaduna og lisud nga mga panahon kung nagdagan sa usa ka lumba nga marathon. Ug ang kalipay sa pagtapos sa kurso pagkahuman og pagbuntog sa ingon nga lisud nga mga panahon daku kaayo nga kini masabtan lang sa katong nakasinati niini. Ang mga anak sa Dios nga nagdagan sa lumba sa pagtoo nangatubang sab sa mga kalisud sa matag panahon, apan ilang mabuntog ang bisan unsang butang pinaagi sa paghangad ngadto kang Hesukristo. Hatagan sila sa Dios sa Iyang grasya ug kalig-on, ug ang Espiritu Santo motabang sab kanila.

Ang Mga Hebreohanon 12:1-2 nagsulti nga, *"Busa, sanglit ginalibutan man kita sa ingon ka mabagang panganud sa mga saksi, iwakli ta ang tanang kabug-at ug ang sala nga nagapiit paglikos kanato, ug dalaganon ta nga malahutayon ang lumba nga atong ginaapilan, nga magatutok kang Hesus, nga mao ang mag-uugmad ug maghihingpit sa atong pagtoo, nga tungod sa kalipay nga gibutang sa Iyang atubangan miantus sa krus, sa walay pagsapayan sa pagkamakauulaw niini, ug karon nagalingkod siya diha sa too sa trono sa Dios."*

Si Hesus miantos ug daku kaayo nga pagtamay ug mga pagbiaybiay gikan sa Iyang mga binuhatan hangtud nga Iyang natuman ang probidensya sa kaluwasan. Apan kay tungod nakahibalo Siya nga siya molingkod sa too nga kamot sa trono sa Dios ug nga ang kaluwasan ihatag ngadto sa katawohan, miantos Siya hangtud sa katapusan nga wala naghunahuna mahitugod sa pisikal nga kaulaw. Human sa tanan, Siya namatay sa krus nga nagkuha sa mga sala sa katawohan, apan siya nabanhaw sa ikatulo nga adlaw aron moabli sa dalan sa kaluwasan. Gibutang sa Dios si

Hesus isip nga Hari sa tanang hari ug Ginoo sa tanang ginoo kay mituman Siya hangtud sa kamatayon kauban ang gugma ug pagtoo.

Si Jacob apo ni Abraham ug siya nahimong amahan sa nasyon nga Israel. Siya adunay kapunay nga kasingkasing. Iyang gikuha ang pagkapanganay ni Esau pinaagi sa pagpagpanikas kaniya, ug siya midagan ngadto sa Haran. Iyang gidawat ang saad sa Dios sa Bethel. Ang Genesis 28:13-15 nagsulti nga, *"...ang yuta nga imong ginahigdaan igahatag Ko kanimo, ug sa imong kaliwatan. Ug ang imong kaliwatan mahimong sama sa abug sa yuta, ug mokaylap ka sa kasadpan, ug sa silangan, ug sa amihanan ug sa habagatan; ug diha kanimo ug sa imong kaliwat pagapanalanginan ang tanan nga mga kabanayan sa yuta. Ug ania karon, Ako magauban kanimo, ug ikaw pagabantayan Ko sa bisan asa nga imong pagaadtoan, ug ikaw pagapabalikon ko niining yutaa; kay Ako dili mobiya kanimo hangtud nga matuman Ko ang akong gisulti kanimo."* Si Jacob miantos alang sa kaluhaan ka tuig sa iyang mga pagsulay ug sa ulahi nahimong amahan sa tanang mga Israelinhon.

Si Jose mao ang ikanapulog-usa nga anak ni Jacob, ug siya lang ang nidawat sa tanang gugma sa iyang amahan taliwala sa ubang mga igsoon nga lalaki. Usa ka adlaw gibaligya siya isip nga usa ka ulipon ngadto sa Ehipto sa mga kamot sa iyang kaugalingong mga igsoon nga lalaki. Siya nahimong usa ka ulipon sa usa ka langyaw nga nasud, apan siya wala mangluya. Gibuhat kaniya ang iyang pinakamaayo sa iyang trabaho ug siya giila sa iyang agalon alang sa iyang pagkamatinumanon. Ang iyang mga sitwasyon nagmaayo nga nag-atiman sa tanang mga butang sa panimalay sa iyang agalon, apan siya dili tarung nga gipasanginlan ug gibutang sa politikal nga bilanggo. Kini mao ang nagsunod-sunod nga trayal. Lagi, ang tanang mga tikang mao ang grasya sa Dios sa usa ka proseso aron nga mag-andam kaniya nga mahimong primo ministro sa Ehipto. Apan walay nakahibalo niini gawas sa Dios. Sa gihapon, si Jose wala napalaw bisan pa sa bilanggo, kay siya adunay pagtoo ug siya mitoo sa saad sa Dios nga gihatag kaniya sa iyang pagkabata. Siya mitoo nga ang Dios magatuman sa iyang damgo kung hain ang Adlaw ug ang Bulan ug ang napulog-usa ka mga bituon sa langit miyukbo kaniya, ug siya wala matabyog sa bisan unsang sitwasyon. Siya hingpit nga misalig sa Dios, ug iyang giantos ang tanang mga butang ug misunod sa tarung nga paagi sumala sa Pulong sa Dios. Ang iyang pagtoo mao ang tinuod nga pagtoo.

Unsa man kung anaa ka sa sama nga sitwasyon? Imo bang mahanduraw kung unsa ang iyang gibati alang sa 13 ka tuig sukad sa adlaw nga siya gibaligya isip nga usa ka ulipon? Lagmit ka nga mangampo og pag-ayo sa atubangan sa Dios aron nga makagawas gikan sa sitwasyon. Lagmit ka nga mosusi sa imong kaugalingon ug maghinulsol sa tanang mga butang nga imong mahunahuna aron nga madawat ang tubag gikan sa Dios. Mangayo sab ka sa grasya sa Dios kauban ang daghang pagluha ug maikagon nga mga pulong. Ug kung dili kanimo makuha ang tubag sa usa ka tuig, duha ka tuig, ug bisan pa napulo ka tuig, apan ikaw nabutang lang sa mas daghang lisud nga mga sitwasyon, unsa man ang imong mabati?

Siya nabilanggo sa panahon sa pinakalagsik nga mga tuig sa iyang kinabuhi ug iyang nakita ang mga adlaw nga milabay nga walay kahulogan tingali mibati siya og miserable kaayo kung wala siya'y pagtoo nga aduna siya. Kung mihunahuna siya sa iyang maayong kinabuhi sa balay sa iyang amahan, mas samot nga mibati unta siya nga miserable. Apan kanunay nga misalig si Jose sa Dios nga nagtan-aw kaniya, ug malig-on siya nga mitoo sa gugma sa Dios nga magahatag sa pinakamaayo sa husto nga panahon. Wala gayud siya mawad-i og paglaum sa makadismaya nga mga pagtilaw, ug siya milihok kauban ang pagkamatinumanon ug kamaayo sa pagkamapailobon hangtud sa ulahi ang iyang damgo nahimong matuod.

Giila sab si David sa Dios isip nga usa ka tawo nga nagsunod sa kaugalingon nga kasingkasing sa Dios. Apan bisan pagkahuman kaniya nga dinihogan isip nga mosunod nga hari, kinahanglan kaniyang moagi sa daghan kaayong mga pagsulay apil ang paggukod kaniya sa Hari nga si Saul. Siya adunay daghan nga hapit-sa-kamatayon nga mga sitwasyon. Apan pinaagi sa pagantos sa tanang mga kalisud kauban ang pagtoo nahimo siya nga daku nga hari nga nakadumala sa tibuok nga Israel.

Ang Santiago 1:3-4 nagsulti nga, *"...kay kamo nahibalo nga ang pagsulay sa inyong pagtoo mosangpot sa pagkamainantuson. Mao lamang nga kinahanglan ang pagkamainantuson inyong tugotan sa hingpit nga pagbuhat, aron kamo mamahingpit ug masangkap nga walay makulang."* Giawhag ko kamo nga hingpit nga magpaugmad niining pailob. Nga ang pailob mopadaku sa imong pagtoo ug magpahalapad ug magpahalawom sa imong kasingkasing aron nga kini mahimong mas hamtong. Masinati kanimo ang mga panalangin ug mga tubag sa Dios nga Iyang gisaad kung imong hingpit nga matuman ang pailob (Mga Hebreohanon 10:36).

Pailob aron makaadto sa langitnon nga gingharian

Kinahanglan kanato ang pailob aron nga makaadto sa langitnon nga gingharian. Ang pipila mosulti nga ilang pangalipayan ang kalibutan samtang sila bata pa ug magsugod og simba sa iglesia pagkahuman kanilang matigulang. Ang pipila nga uban nagdala sa usa ka makugihon nga kinabuhi sa pagtoo sa paglaum sa pag-abot sa Ginoo, apan mawad-an og pailob ug magbag-o sa ilang mga hunahuna. Kay ang Ginoo wala moabot og dali sumala sa ilang gilaum, ilang mabati nga kini lisud ra kaayo nga magpadayon nga makugihon sa pagtoo. Sila magsulti nga magpahulay sila sa pagsirkunsisyon sa ilang kasingkasing ug pagbuhat sa buluhaton sa Dios, ug inig kasegurado kanila sa pagkakita sa timaan sa pag-abot sa Ginoo, unya sila magsulay og pag-ayo.

Apan walay nakahibalo kung kanus-a motawag ang Dios sa atong espiritu, o kung kanus-a moabot ang Ginoo. Bisan pa kung mahibaloan kanato kanang panahona sa abante, dili kanato maangkon ang igo nga pagtoo sumala sa gidak-on nga gusto kanato. Ang mga tawo dili lang makaangkon sa espirituhanon nga pagtoo aron madawat ang kaluwasan sumala sa ilang gusto. Kini gihatag lang pinaagi sa grasya sa Dios. Ang kaaway nga yawa ug si Satanas dili lang sayon nga mobiya kanila aron madawat ang kaluwasan sab. Dugang pa kung aduna ka'y paglaum nga moadto sa Bag-ong Herusalem sa Langit, mapailobon kanimong mabuhat ang tanang butang.

Ang Mga Salmo 126:5-6 nagsulti nga, *"Sila nga nanagpugas ug mga luha magaani sa kalipay. Siya nga magalakaw ug magahilak, dinala ang binhi nga igpupugas, sa walay duhaduha mobalik siya nga may kalipay, nga magadala uban sa iyang mga binangan nga humay."* Adunay piho kita nga mga paningkamot, mga luha, ug pagbangotan samtang kita nagpugas sa mga binhi ug nagpatubo kanila. Usahay, ang kinahanglanon nga ulan dili moabot, o mahimong adunay mga bagyo o sobra kadaghan nga ulan nga madaot sa mga tanom. Apan sa katapusan niini, segurado nga maangkon kanato ang kalipay sa dagaya nga ani sumala sa mga kasugoan sa hustisya.

Ang Dios naghulat sa linibo ka mga tuig nga morag usa ka adlaw aron makaangkon og tinuod nga mga anak ug Siya miantos kauban ang kasakit sa paghatag sa Iyang bugtong nga Anak alang kanato. Ang Dios milahutay sa pag-antos sa krus, ug ang Espiritu Santo sab nag-antos kauban ang dili-malitok nga mga pag-agulo sa panahon sa pagpaugmad sa tawo. Naglaum ko nga imong hingpit nga mapaugmad, ang espirituhanon nga pailob, sa paghinumdom niining gugma sa Dios aron nga maangkon kanimo ang mga bunga sa mga panalangin sa pareho niining yuta ug sa Langit.

Lucas 6:36

"Magmaloloy-on kamo,

maingon nga maloloy-on man ang inyong Amahan."

Nga sa Maong mga Butang Walay Kasugoan nga Kabatok

Kapitulo 6

Pagkamapuangoron

Pagsabot ug pagpasaylo sa uban kauban ang bunga sa pagkamapuangoron

Pagkinahanglan nga moangkon og kasingkasing ug mga binuhatan sama sa katong sa Ginoo

Pagsalikway sa pagpihig aron maangkon ang pagkamapuangoron

Kalooy para sa katong anaa sa mga kalisud

Ayaw og dali sa pagtudlo sa mga kakulangan sa uban

Magmahinatagon sa tanang tawo

Ihatag ang dungog sa uban

Pagkamapuangoron

Sa matag panahon ang mga katawohan mosulti nga dili sila kasabot sa usa ka piho nga tawo bisan pa nga sila misulay sa pagsabot kaniya, o bisan pa nga sila misulay sa pagpasaylo sa usa ka tawo, dili kini kanila mahimong mapasaylo siya. Apan kung atong nabunga ang bunga sa pagkamapuangoron diha sa atong kasingkasing, walay bisan unsang butang nga dili kanato masabtan ug walay bisan kinsa nga dili kanato mapasaylo. Mahimo kanatong masabtan ang bisan unsang klase sa tawo kauban ang kamaayo ug dawaton ang bisan unsang klase sa tawo kauban ang gugma. Dili kita mosulti nga gusto kanato ang usa ka tawo tungod sa usa ka piho nga rason ug dili kanato gusto ang usa pa ka tawo tungod sa usa pa ka rason. Dili kanato dili kagustohan mi kadumtan ang bisan kinsa. Dili kita dili magmaayo sa o maghambin og malisud nga mga pagbati batok sa kang bisan kinsa og mas importante nga mag-angkon og mga kaaway.

Pagsabot ug pagpasaylo sa uban kauban ang bunga sa pagkamapuangoron

Ang pagkamapuangoron mao ang kalidad o estado sa kamapuangoron. Apan ang espirituhanon nga kahulogan sa pagkamapuangoron morag mas duol sa kalooy. Ug, ang espirituhanon nga kahulogan sa kalooy mao nga "aron nga masabtan ang kamatuoran bisan pa ang katong dili gayud masabtan sa mga tawo." Kini sab mao nga ang kasingkasing nga mahimong magpasaylo sa kamatuoran bisan pa ang katong dili mapasaylo sa mga tawo. Ang Dios nagpakita sa kapuangod sa mga katawohan kauban ang kasingkasing sa kalooy.

Ang Mga Salmo 130:3 nagsulti nga, *"Kong ikaw, GINOO, magatimaan pa unta sa mga kasal-anan, OH GINOO, kinsa ba ang arang makabarug?"* Sumala sa gisulat, kung ang Dios walay kalooy ug maghukom kanato sumala sa hustisya, walay bisan kinsa ang makabarug sa atubangan sa Dios. Apan gipasaylo sa Dios ug gidawat bisan pa ang katong dili mapasaylo mi madawat kung ang hustisya istrikto nga i-aplikar. Dugang pa, gihatag sa Dios ang kinabuhi sa Iyang usa ug bugtong nga Anak aron maluwas ang ingon nga mga tawo gikan sa kamatayong dayon. Kay kita nahimong mga anak sa Dios pinaagi sa pagtoo sa Ginoo, gusto sa Dios nga paugmadon kanato kining kasingkasing sa kalooy. Tungod niining rasona, nagsulti ang Dios sa Lucas 6:36 nga, *"Magmaloloy-on kamo, maingon nga maloloy-on man ang inyong Amahan."*

Kining kalooy medyo kaanggid sa gugma apan kini sab lahi sa nagkalain-laing mga paagi. Ang espirituhanon nga gugma mao nga mahimong masakripisyo ang kaugalingon para sa uban nga walay bisan unsang presyo sa ibabaw niini, samtang ang kalooy mas hisama sa pagpasaylo ug pagdawat. Kana mao nga, kini mahimong madawat ug magakos ang tanang butang sa usa ka tawo ug dili masaypan o kadumtan siya bisan pa nga siya dili takos nga modawat sa bisan unsang gugma. Dili kanimo kadumtan o likayan ang usa ka tawo tungod lang kay ang iyang mga opinyon lahi gikan sa imo, apan hinoon mahimo kang kusog ug kahupay kaniya. Kung aduna ka'y mainit nga kasingkasing aron madawat ang uban, dili kanimo ipadayag ang ilang mga kasal-anan o mga kasaypanan apan tabunan ug dawaton sila aron nga maangkon kanimo ang maanyag nga relasyon kauban kanila.

Adunay usa ka hitabo kung hain napadayag kining kasingkasing sa kalooy og tin-aw kaayo. Usa ka adlaw miampo si Hesus sa tibuok gabii sa Bungtod sa mga Olivo ug miadto sa Templo pagkabuntag. Daghang mga katawohan ang mitapok sa Iyang paglingkod, ug ngadto adunay nahitabo nga kagubot sa Iyang pagwali sa Pulong sa Dios. Adunay mga escriba ug mga Pariseo taliwala sa panon sa katawohan nga midala og usa ka babaye sa atubangan ni Hesus. Siya nagkurog sa kakuyaw.

Ilang gisultihan si Hesus nga ang babaye nadakpan sa akto nga nagbuhat og pagpanapaw, ug gipangutana Siya kung unsa ang Iyang buhaton kaniya kay ang Kasugoan nagsulti nga ang ingon nga babaye kinahanglan nga batohon hangtud mamatay. Kung gisultihan sila ni Hesus nga batohon siya, kini dili sumala sa Iyang mga panudlo nga nagsulti, "Higugmaa ang inyong mga kaaway." Apan kung gisultihan Kaniya sila nga pasaylohon siya, kini usa ka paglapas sa Kasugoan. Kini morag si Hesus nabutang sa usa ka lisud kaayo nga sitwasyon. Si Hesus, bisan pa niana, misulat lang og usa ka butang sa yuta ug miingon sumala sa gitala sa Juan 8:7, *"Kinsa kaninyo ang walay sala maoy paunahag labay kaniyag bato."* Ang mga katawohan miangkon og mga kaul-ol sa tanlag ug mibiya usag-usa. Sa ulahi ang nahabilin si Hesus na lang ug ang babaye.

Sa Juan 8:11 si Hesus miingon kaniya nga, *"Dili usab ako mohukom kanimog silot. Lumakaw ka ug ayaw na pagpakasala."* Ang pagsultig, *"Dili usab ako mohukom kanimog silot,"* nagpasabot nga siya gipasaylo Kaniya. Gipasaylo ni Hesus ang usa ka babaye nga dili mapasaylo ug mihatag kaniya og higayon nga motalikod gikan sa iyang mga sala. Kini mao ang kasingkasing sa kalooy.

Pagkinahanglan nga moangkon og kasingkasing ug mga binuhatan sama sa katong sa Ginoo

Ang kalooy mao ang tinuod nga pagpasaylo ug gugma bisan pa sa mga kaaway. Sama sa usa ka inahan nga mag-atiman sa iyang bag-ong panganak nga bata, atuang dawaton ug gakson ang tanang tawo. Bisan pa kung ang mga katawohan adunay pipila ka daku nga mga sayop o sila mibuhat og grabe nga mga sala, mauna kitang malooy kaysa maghukom ug magsilot kanila. Atong kadumtan ang mga sala, apan dili ang makakasala; atong sabton kanang tawhana ug sulayan nga mabuhi siya.

Kunohay adunay usa ka bata nga anaay mahuyang kaayo nga lawas nga kasagaran nga magsakit. Unsa man ang mabati sa inahan niining bata? Dili siya maghunahuna nganong gipanganak siya nga ing-ana ug nganong mihatag siya og daku nga kalisud kaniya. Dili siya magdumot sa bata tungod niini. Hinoon gusto kaniyang moangkon og mas daghang gugma ug kalooy ngadto kaniya kaysa ubang bata nga himsog.

Adunay usa ka inahan nga ang anak nga lalaki adunay diperensiya sa hunahuna. Hangtud naabot kaniya ang edad nga kaluhaan ang iyang mental nga edad iyaha sa usa ka duha-ka-tuig, ug ang inahan dili mahimong matangtang ang iyang mga mata kaniya. Bisan pa niana, wala gayud siya naghunahuna nga lisud ang mag-atiman sa iyang anak nga lalaki. Iyaha lang gibati ang simpatiya ug kalooy para sa iyang anak nga lalaki samtang nag-atiman kaniya. Kung hingpit kanatong mabunga kining klase sa bunga sa kalooy, moangkon kita og kalooy dili lang para sa atong kaugalingong mga anak apan para sa tanang tawo.

Giwali ni Hesus ang Maayong Balita sa gingharian sa langit sa panahon sa Iyang publiko nga ministriya. Ang iyang pangunang mga magtatan-aw dili mga datu ug makagagahum; apan ang katong mga kubos, gipasagdan, o katong kung kinsa gihunahuna sa mga katawohan nga mga makakasala, ingon sa mga maniningil sa buwis o mga puta.

Kini sama sa kaniadtong gipili ni Hesus ang Iyang mga disipolo. Ang mga katawohan mahimong maghunahuna nga mas maalam nga mopili sa mga disipolo gikan sa katong hingpit nga pamilyar na sa Kasugoan sa Dios, kay mas sayon nga magtudlo kanila sa Pulong sa Dios. Apan wala mopili si Hesus sa ingon nga mga katawohan. Isip nga Iyang mga disipolo Iyang gipili si Mateo, nga usa ka maningil sa buwis, si Pedro, Andrew, Santiago, ug si Juan nga mga mangingisda.

Giayo sab ni Hesus ang nagkalain-laing mga klase sa mga sakit. Usa ka adlaw, Iyang giayo ang usa ka tawo nga masakiton alang sa katloan ug walo ka tuig ug naghulat sa paglihok sa mga tubig sa tuburan sa Betsata. Siya nabuhi sa kasakit nga walay paglaum sa kinabuhi, apan walay bisan kinsa ang mitagad kaniya. Apan nagpaduol si Hesus kaniya ug gipangutana siya, "Gusto ba kanimong maayo?" ug giayo siya.

Giayo sab ni Hesus ang usa ka babaye nga nagdugo alang sa napulog-duha ka tuig. Iyang giablihan ang mga mata ni Bartimaeus, kung kinsa usa ka buta nga makililimos (Mateo 9:20-22; Marcos 10:46-52). Sa iyang dalan padulong sa usa ka siyudad nga gitawag nga Nain, nakita Kaniya ang usa ka balo nga babaye nga namatay ang iyang bugtong nga anak. Gikaloy-an Kaniya ang babaye ug gibuhi ang namatay nga anak (Lucas 7:11-15). Dugang pa niini, nagtan-aw Siya sa katong ginapigos. Nakighigala Siya sa katong gipasagdan ingon sa mga maniningil-og-buwis ug mga makakasala.

Ang pipila ka mga katawohan misaway Kaniya kay Siya nagkaon kauban ang mga makakasala, nga nagsulti, *"Nganong mokaon man ang inyong Magtutudlo kauban sa mga maniningil sa buhis ug sa mga makasasala?"* (Mateo 9:11). Apan sa kaniadtong nadungog kini ni Hesus Siya miingon, *"Ang mga maayo rag lawas wala magkinahanglan ug mananambal, kondili ang mga masakiton. Lumakaw kamo ug tun-i ninyo ang kahulogan niini, 'Maoy kahimut-an Ko ang pagkaluoy, dili ang paghalad,' kay Ako mianhi dili sa pagtawag sa mga matarung, kondili sa mga makasasala"* (Mateo 9:12-13). Mitudlo Siya kanato sa kasingkasing sa kapuangod ug kalooy para sa mga makakasala ug sa may sakit.

Si Hesus wala lang moanhi para sa datu ug sa matarung apan una para sa kubos ug may sakit, ug mga makasasala. Mahimo kanatong dali nga makapamunga sa bunga sa kalooy kung mosunod kita niining kasingkasing ug mga binuhatan ni Hesus. Karon, atong utingkayon kung unsa ang atong buhaton ilabi na aron makapamunga sa bunga sa kalooy.

Pagsalikway sa pagpihig aron maangkon ang pagkamapuangoron

Ang kalibutanon nga mga katawohan sa kasagaran maghukom sa mga katawohan pinaagig mga panagway. Ang ilang mga batasan ngadto sa mga katawohan magbag-o depende kung makita ba kanila o dili isip nga datu o bantog. Ang mga anak sa Dios kinahanglan dili maghukom sa mga katawohan pinaagi sa ilang mga panagway o magbag-o sa ilang mga pamatasan sa kasingkasing tungod lang sa mga panagway. Kinahanglan kanatong hunahunaon bisan pa ang magagmay nga mga anak o ang katong morag ubos nga mas maayo kaysa atong mga kaugalingon ug silbihan sila kauban ang kasingkasing sa Ginoo.

Ang Santiago 2:1-4 nagsulti nga, "*Mga igsoon ko, ayaw kamo pagpakitag mga pagpilig mga tawo samtang magahupot kamo sa pagtoo ngadto sa atong Ginoong Hesukristo, ang Ginoo sa himaya. Kay kon adunay mosulod sa inyong tigum nga usa ka tawo nga may mga singsing nga bulawan ug nagasapot siyag maanindot nga bisti, ug mosulod usab ang usa ka tawo nga nagasapot ug sinina nga san-ot, ug kamo motagad kaniya nga maanindot ug bisti ug moingon kaniya, 'Ari ka diri lingkod sa maayong dapit,' samtang sa tawong kabus moingon kamo, 'Oy, pagtindog,' o 'Lingkod diha sa salog,' dili ba may pinalabi kamo sa inyong taliwala ug nangahimo kamong mga maghuhukom nga may mga hunahunang dautan?*"

Usab, ang 1 Pedro 1:17 nagsulti nga, "*Ug kon Siya ginatawag man ninyo nga Amahan, Siya nga maoy magahukom sa matag-usa ka tawo sa walay pinalabi sumala sa iyang binuhatan, nan, panaggawi kamo uban sa kahadlok sulod sa panahon sa inyong panimuyo ingon nga mga dumuloong dinhi sa yuta.*"

Kung mabunga kanato ang bunga sa kalooy, dili kita mohukom o magkondena sa uban pinaagi sa ilang mga panagway. Kinahanglan sab kanatong masusi kung kita ba adunay pagpihig o paboritismo sa usa ka espirituhanon nga hangkag. Adunay mga katawohan nga mahinay ang panabot sa espirituhanon nga mga butang. Ang pipila nga uban adunay pipila ka mga diperensiya sa lawas, busa mahimo silang mosulti o mobuhat sa pipila ka mga butang nga gawas sa konteksto sa piho nga mga sitwasyon. Sa gihapon ang uban molihok sa paagi nga dili kini sumala sa mga butang sa Ginoo.

Kung makita kanimo o makig-uban niadtong mga tawhana, nabati ba kanimo ang kapakyas? Wala ba ka mitan-aw kanila og ubos o gustong molikay kanila sa pipila ka higayon? Nakahinungdan ka ba sa uban og kaulaw sa imong agresibo nga mga pulong o walay pagtahod nga mga gawi?

Usab, pipila ka mga katawohan ang mag-istorya mahitungod sa ug magkondena sa usa ka tawo nga morag anaa sila sa pungkoanan sa hukom kung kanang tawhana nagbuhat og usa ka sala. Sa kaniadtong ang usa ka babaye nga nagbuhat og pagpanapaw gidala kang Hesus, daghang mga katawohan ang mitudlo sa ilang mga kamot kaniya sa pagkuhom ug pagkondena. Apan si Hesus wala magkondena kaniya apan mihatag kaniya og usa ka higayon para sa kaluwasan. Kung ikaw anaay ingon nga kasingkasing sa kalooy, nan moangkon ka og kapuangod para sa katong nagdawat og mga pagsilot para sa ilang mga sala, ug imong lauman nga mabuntog kini kanila.

Kalooy para sa katong anaa sa mga kalisud

Kung kita maloloy-on, moangkon kita og kapuangod sa katong anaa sa mga kalisud ug mangalipay sa pagtabang kanila. Dili lang kita mobati og kalooy diha sa atong mga kasingkasing para kanila ug magsulti nga, "Magmaisogon ug magpakalig-on!" sa ato lang mga wait. Aktuwal kitang mohatag og bisan unsang katabang kanila.

Ang 1 Juan 3:17-18 nagsulti nga, *"Apan kon adunay nakapanag-iyag mga butang alang sa panginabuhi dinhi sa kalibutan, ug kini siya makakita sa iyang igsoon nga anaa sa kawalad-on, ug unya magpagahi lamang siya sa iyang kasingkasing, unsaon man sa pagpabilin diha kaniya sa gugma sa Dios? Mga anak, kinahanglan maghigugma kita dili lamang pinaagi sa pulong o sa sulti, kondili pinaagi sa buhat ug sa tinuoray gayud."* Usab, ang Santiago 2:15-16 nagsulti nga, *"Kung pananglitan usa ka igsoong lalaki o babaye walay igong panapot ug nakabsan siyag makaon alang sa adlaw-adlaw ug unya usa kaninyo moingon kanila, 'Panglakaw na kamo nga malinawon, painiti ug busga ang inyong kaugalingon,' sa walay paghatag kanila sa mga butang nga gikinahanglan sa lawas, unsa man lamay kapuslanan niana?"*

Dili ka kinahanglan maghunahuna nga, 'Makalolooy kini nga siya nagutom, apan wala gayud ko'y mahimo kay ako'y adunay igo lang para kanako.' Kung tinuod ka nga nalooy kauban ang tinuod nga kasingkasing, mahimo kang makig-ambit o bisan pa ihatag ang imong bahin. Kung ang usa ka tawo maghunahuna nga ang iyang sitwasyon dili kaniya magtugot nga makatabang sa bisan kinsang ubang mga tawo, nan kini dili gayud posible nga motabang siya sa uban bisan pa nga modatu siya.

Kini dili lang mahitungod sa materyal nga mga butang. Kung makita kanimo ang usa ka tawo nga nag-antos gikan sa bisan unsang klase sa problema, kinahanglan gustohon kanimong makatabang ug makig-ambit sa kasakit nianang tawhana. Mao kini ang kalooy. Hilabina, kinahanglan kanimong mag-atiman para sa katong nangahulog ngadto sa Impiyerno kay sila wala nagtoo sa Ginoo. Sulayan kanimo ang imong pinakamaayo aron madala sila ngadto sa dalan sa kaluwasan.

Sa Sentral nga Iglesia sa Manmin, sukad sa pag-abli niini, adunay daghang daku nga mga binuhatan ang gahum sa Dios. Apan sa gihapon nangayo ko og mas daku nga kagahum ug gipahinungod ang tanan kanakong kinabuhi sa pagpasundayag nianang kagahum. Kini tungod kay ako miantos sab sa kakabus sa akong kaugalingon, ug hingpit kanakong nasinatian ang kasakit sa pagkawala og paglaum tungod sa sakit. Kung makakita ko og mga katawohan nga nag-antos gikan niining mga problema, mabati kanako ang ilang kasakit isip nga akong kaugalingong kasakit, ug gusto kanakong motabang kanila sa pinakamaayo nga mahimo kanako.

Ako kining tinguha nga masulbad ang ilang mga problema ug luwason sila gikan sa mga pagsilot sa Impiyerno ug magadala kanila ngadto sa Langit. Apan unsaon man kanako nga inusara sa pagtabang sa daghan kaayong mga katawohan? Ang tubag nga akong nadawat niini mao ang gahum sa Dios. Bisan pa nga dili kanako masulbad ang tanang mga problema sa kakabus, mga sakit, ug daghan pa kaayong ubang mga butang sa tanang katawohan, makatabang ko kanila nga mailhan ug masinatian ang Dios. Mao kana nganong nagsulay ko nga mapasundayag ang mas daku nga kagahum sa Dios, aron nga mas daghang mga katawohan ang makaila ug makasinati sa Dios.

Lagi, ang pagpakita sa gahum dili ang pagkakumpleto sa proseso sa kaluwasan. Bisan pa nga makaangkon sila og pagtoo pinaagi sa pagkakita sa gahum, kinahanglan kanatong atimanon sila sa pisikal ug sa espirituhanon hangtud nga sila makabarog og lig-on sa pagtoo. Mao kana nganong gibuhat kanako nga makahatag og katabang sa mga nagkinahanglan bisan pa kung ang iglesia sa iyang kaugalingon adunay pinansiyal nga mga kalisud. Mao kini aron nga sila makamartsa ngadto sa Langit kauban ang mas daghang kalig-on. Ang Mga Proberbio 19:17 nagsulti nga, *"Kadtong may kalooy sa kabus magapahulam sa GINOO, ug ang iyang maayong buhat pagabayran niya pag-usab."* Kung imong atimanon ang mga kalag kauban ang kasingkasing sa Ginoo, ang Dios piho nga mobayad kanimog balik sa Iyang mga panalangin.

Ayaw og dali sa pagtudlo sa mga kakulangan sa uban

Kung nahigugma kita sa usa ka tawo, usahay kinahanglan kanatong mohatag og tambag o badlongon siya. Kung ang mga ginikanan dili gayud mokasaba sa ilang mga anak apan magpasaylo sa tanang panahon tungod lang kay ilang hinigugma ang ilang mga anak, nan ang mga anak mahimong mangil-ad ang kinaiya. Apan kung aduna ka'y kalooy dili kita sayon nga mosilot, mosaway, o motudlo sa mga kakulangan. Kung kita mohatag lang og usa ka pulong sa pagtambag, buhaton kini kanato kauban ang maampoon nga hunahuna ug pag-atiman sa kasingkasing nianang tawhana. Ang Mga Proberbio 12:18 nagsulti nga, *"Adunay magapamulong sa hinanali sama sa mga paglagbas sa usa ka espada, apan ang dila sa manggialamon makaayo."* Ang mga pastor ug mga lideres sa partikular nga nagtudlo sa mga tumuluo kinahanglan ipabilin kining mga pulong sa hunahuna.

Mahimong sayon ra kanimo magsulti nga, "Aduna ka'y bakakon nga kasingkasing diha kanimo, ug kini dili magpahimuot sa Dios. Aduna ka niini ug niining kakulangan, ug wala ka gihigugma sa uban tungod niining mga butanga." Bisan pa kung ang imong gisulti tinuod, kung imong itudlo ang mga kakulangan sulod sa imong kinaugalingong-pagkamatarung o mga tigbalayon nga walay gugma, kini dili maghatag og kinabuhi. Ang uban dili magbag-o isip nga result anang pagtambag, sa katinuoran, ang ilang mga pagbati masakitan ug sila magluya ug mawad-an og kalig-on.

Usahay, ang pipila ka mga miyembro sa iglesia mohangyo kanako nga itudlo ang ilang mga kakulangan aron nga ilang maamgohan kini ug mabag-o ang ilang mga kaugalingon. Sila nagsulti nga gusto kanilang maamgohan ang ilang mga kakulangan ug magbag-o. Busa, kung maampingon ko kaayo nga magsulti sa usa ka butang, ilahang paundangon ang akong mga pulong ug magpatin-aw sa ilang mga punto, busa dili gayud ko makahatag og pagtambag. Ang paghatag og usa ka pagtambag dili usa ka sayon nga butang sa gihapon. Para nianang panahona, madawat kini kanila kauban ang pagpasalamat, apan kung mawala kanila ang kapuno sa Espiritu, walay bisan kinsa ang makahibalo kung unsa ang mahinabo diha sa ilang mga kasingkasing.

Usahay, kinahanglan kanakong magtudlo sa mga butang aron nga matuman ang gingharian sa Dios o magtugot para sa mga katawohan nga madawat ang solusyon sa ilang mga problema. Akong tan-awon ang modo sa ilang mga nawong kauban ang mainampoon nga hunahuna, sa paglaum nga sila dili masakitan o maluya.

Lagi, sa kaniadtong gibadlong ni Hesus ang mga Pariseo ug ang mga eskriba sa makusog nga mga pulong, wala kanila madawat ang Iyang pagtambag. Naghatag kanila si Hesus og higayon aron nga ang bisan usa lang kanila ang mahimong maminaw Kaniya ug maghinulsol. Usab, tungod kay sila ang mga manunudlo sa mga katawohan, gusto ni Hesus ang mga katawohan nga makaamgo ug dili malimbongan sa ilang pagminaot. Gawas nianang espesyal nga kaso, kinahanglan dili ka magsulti og mga pulong nga mahimong makasakit sa mga pagbati sa uban o ipagawas ang ilang mga kasalanan aron nga sila madagma. Kung kinahanglan kang maghatag og pagtambag tungod kay kini hingpit nga gikinahanglan, kinahanglan buhaton kini kanimo kauban ang gugma, nga naghunahuna gikan sa panan-aw sa uban ug kauban ang pag-atiman para nianang kalag.

Magmahinatagon sa tanang tawo

Ang kadaghanan sa mga katawohan mahimong mahinatagon nga mohatag sa kung unsang may anaa sila sa pipila ka kadakuon sa katong ilang hinigugma. Bisan pa ang katong mga hakog mahimong magpahulam o maghatag og mga gasa sa uban kung nakahibalo sila nga makadawat sila og usa ka butang og balik. Sa Lucas 6:32 kini nagsulti nga, *"Ug kon mao ray inyong higugmaon ang mga nahigugma kaninyo, unsa may dungog ninyo? Kay bisan gani ang mga makasasala nagahigugma man sa mga nagahigugma kanila."* Mahimo kanatong mabunga ang bunga sa kalooy kung makahatag kita sa atong mga kaugalingon nga wala magkagusto sa bisan unsang butang nga balik.

Si Hesus nakahibalo gikan sa sinugdanan nga magluib si Hudas Kaniya, apan Siya Iyang gitratar sa parehong paagi nga Iyang gitratar ang ubang mga disipolo. Siya mihatag kaniya og daghang mga usab-usab nga higayon aron nga siya maghinulsol. Bisan pa sa katong siya gilansang, si Hesus miampo para sa katong naglansang Kaniya. Ang Lucas 23:34 nagsulti nga, *"Amahan, pasayloa sila, kay wala sila makasabut sa ilang ginabuhat."* Mao kini ang kalooy kung hain kita makapasaylo bisan sa katong dili mahimong mapasaylo gayud.

Sa libro sa Mga Buhat, makita kanato si Esteban miangkon sab niining bunga sa kalooy. Siya dili usa ka apostol, apan siya gipuno sa grasya ug kagahum sa Dios. Daku nga mga timaan ug mga katingalahan ang nahitabo pinaagi kaniya. Ang katong wala nagkagusto niining katinuoran misulay sa paglalis kaniya, apan sa katong mitubag siya kauban ang kaalam sa Dios sa Espiritu Santo, dili gayud sila makalalis og balik. Kini nagsulti nga ang mga katawohan nakakita sa iyang nawong, ug kini morag iyaha sa usa ka anghel (Mga Buhat 6:15).

Ang mga Hudeo miangkon og mga kaul-ol sa tanlag nga nagpaminaw sa sermon ni Esteban, ug sa ulahi gidala siya kanila sa gawas sa siyudad ug gibato siya hangtud mamatay. Bisan siya himalatyon, miampo siya para sa katong nagbato kaniya nga nagsulti, *"Ginoo, dili mo unta sila pagsang-atan niining salaa!"* (Mga Buhat 7:60). Kini nagpakita kanato nga siya mipasaylo na kanila. Wala siya'y kadumot batok kanila, apan siya aduna lang og bunga sa kalooy nga nag-angkon og kalooy kanila. Si Esteban mahimong makapakita sa ingon nga daku nga mga buhat tungod kay siya nag-angkon sa ingon nga kasingkasing.

Unya unsa man kanimo kamaayo nga gipaugmad ang kining klase sa kasingkasing? Aduna ba'y bisan kinsa nga dili kanimo nagustohan o bisan kinsa nga dili maayo ang inyong relasyon? Kinahanglan mahimo kanimong madawat ug magakos ang uban bisan pa nga ang ilang mga kinaiya ug mga opinyon dili mahiuyon sa imoha. Kinahanglan kanimong maghunahuna og una gikan sa panan-aw nianang tawhana. Unya, mahimo kanimong mabag-o ang mga pagbati nianang tawhana.

Kung imo lang hunahunaon, 'Nganong buhaton man kana kaniya? Dili gayud ko makasabot kaniya,' nan, moangkon ka lang og malisud nga mga pagbati ug mag-angkon ka og dili komportable nga mga pagbati inig kakita kanimo kaniya. Apan kung mahimo kang maghunahuna nga, 'Ah, sa iyang posisyon mahimo siyang molihok niining paagiha,' nan, mahimo kanimong mabag-o ang mga pagbati sa paghinaway. Karon, mas gusto kanimong mag-angkon og kalooy nianang tawhana nga dili makatabang apan buhaton kana, ug moampo ka para kaniya.

Sa imong pagbag-o sa imong mga hunahuna ug mga pagbati niining paagiha, mahimo kanimong maibot ang kadumot ug ang ubang dautan nga mga pagbati og anam-anam. Kung ipabilin kanimo kining pamati nga gusto kanimong ipugos ang imong pagkasukihan, dili kanimo madawat ang uban. Mao sab nga dili kanimo maibot ang kadumot o malisud nga mga pagbati diha kanimo. Kinahanglan kanimong isalikway ang imong kinaugalingong-pagkamatarung ug bag-ohon ang imong mga hunahuna ug mga pagbati aron nga imong madawat ug masilbihan ang bisan unsang klase nga tawo.

Ihatag ang dungog sa uban

Aron nga mabunga ang bunga sa kalooy, kinahanglan ihatag kanato ang dungog sa uban kung adunay usa ka butang nga nabuhat og maayo, ug kinahanglan kanatong dawaton ang pagbasol kung adunay usa ka butang nga sayop. Kung ang uban nga tawo ang nagdawat og tanang pag-ila ug mas gidayeg bisan pa nga kamong duha ang mitrabaho, mahimo ka sa gihapon nga mangalipay kauban kaniya nga morag kini imo sab kaugalingong kalipayan. Dili ka moangkon og bisan unsang kasambol nga naghunahuna nga mibuhat ka og mas daghang trabaho ug ang kanang tawhana maoy gidayeg bisan pa nga siya adunay daghang mga kakulangan. Magmapasalamaton ka lang nga naghunahuna nga mahimo siyang mas mag-angkon og pagsalig ug mas magtrabaho pagkahuman nga gidayeg sa uban.

Kung ang inahan mibuhat og usa ka butang kauban ang iyang anak, ug ang anak lang ang nagdawat sa ganti, unsa man ang mabati sa inahan? Walay bisan kinsa nga inahan ang magreklamo nga nagsulti nga siya mitabang sa iyang anak nga buhaton ang trabaho og maayo ug siya wala modawat og bisan unsang ganti. Usab, maayo para sa inahan nga madungog gikan sa uban nga siya maanyag, apan mas malipay siya kung ang mga katawohan mosulti nga maanyag ang iyang anak nga babaye.

Kung aduna kita'y bunga sa kalooy, mahimo kanatong mabutang ang bisan kinsang ubang tawo sa unahan kanato ug ihatag ang merito diha kaniya. Ug kita mangalipay kuyog kaniya nga morag kita maoy gidayeg sa atong kaugalingon. Ang kalooy mao ang kinaiya sa Dios nga Amahan nga puno sa kalooy ug gugma. Dili lang kalooy, apan ang matag usa ka mga bunga sa

Espiritu Santo mao sab ang kasingkasing sa hingpit nga Dios. Ang gugma, kalipay, kalinaw, pailob, ug ang tanang uban nga mga bunga mao ang nagkalain-laing mga aspeto sa kasingkasing sa Dios.

Busa, aron nga mabunga ang mga bunga sa Espiritu Santo nagkahulogan nga kinahanglan kanatong maninguha aron nga maangkon ang kasingkasing sa Dios diha kanato ug mamahingpit isip nga ang Dios hingpit. Sa kadaghanon nga mas mahinog ang espirituhanon nga mga bunga diha kanimo, mas matahum ka nga mahimo, ug ang Dios dili mahimong mapunggan ang Iyang gugma para kanimo. Siya mangalipay kanimo nga nagsulti nga kamo Iyang mga anak nga nag-anggid Kaniya og pag-ayo. Kung mahimo kamong mga anak sa Dios nga nagpahimuot Kaniya, mahimo kamong makadawat og bisan unsang butang nga imong pangayuon sa pag-ampo, ug bisan ang mga butang nga imong gihambin lang diha sa imong kasingkasing, ang Dios nakahibalo kanila ug magatubag kanimo. Naglaum ko nga kamong tanan ang makabunga sa mga bunga sa Espiritu Santo og hingpit ug mapahimuot ang Dios sa tanang mga butang, aron nga mag-awas ka sa mga panalangin ug mangalipay sa daku nga dungog sa gingharian sa langit isip nga mga anak nga hingpit nga nag-anggid sa Dios.

Nga sa Maong mga Butang Walay Kasugoan nga Kabatok

Mga Taga-Filipos 2:5

"Batoni diha kaninyo kining hunahunaa nga mabatonan ninyo diha kang Kristo Hesus."

Kapitulo 7

Kamaayo

Ang bunga sa kamaayo
Pagpangita sa kamaayo sumala sa mga tinguha sa Espiritu Santo
Pilia ang kamaayo sa tanang butang sama sa maayo nga Samaritano
Ayaw og pakig-away o pagpasigarbo sa bisan unsang sitwasyon
Ayaw pagbali sa bagakay nga nabasag na o mopalong sa pabilo nga nagakapid-ok
Kagahum sa pagsunod sa kamaayo diha sa kamatuoran

Kamaayo

Usa kagabii, usa ka batan-on nga lalaki nga adunay san-ot nga mga bisti miadto sa usa ka tigulang nga magtiayon para sa usa ka kuwarta nga abangan. Ang magtiayon nalooy kaniya ug gipaabangan ang kuwarto kaniya. Apan kining batan-on nga lalaki wala mangitag trabaho, apan migahin sa iyang mga inadlaw sa pagpahubog. Sa usa ka kaso sama niini ang kadaghanan sa mga katawohan mopahawa kaniya nga naghunahuna nga mahimong dili siya makabayad sa abang. Apan kining tigulang nga magtiayon mihatag kaniya og pagkaon matag panahon ug gipadasig siya samtang nagwali sa Maayong Balita. Siya gitandog sa ilang mahigugmaon nga mga lihok, tungod sa ilang pagtratar kaniya nga morag ilang kaugalingong anak. Sa ulahi iyang gidawat si Hesukristo ug nahimong nabag-o nga tawo.

Ang bunga sa kamaayo

Ang maghigugma bisan sa katong gipasagdan o sosyal nga mga sinalikway hangtud sa katapusan nga dili moundang kanila mao ang kamaayo. Ang bunga sa kamaayo dili lang mabunga diha sa kasingkasing apan kini gipadayag sa lihok sumala sa istorya sa tigulang nga magtiayon.

Kung atong mabunga ang bunga sa kamaayo, mopagawas kita og kaamyon ni Kristo bisan asa. Ang mga katawohan sa atong palibot matandog sa pagkakita sa atong maayong mga buhat ug maghatag og himaya sa Dios.

Ang "kamaayo" mao ang kalidad sa kaaghop, mahunahunaon, malumo og kasingkasing, ug maligdong. Apan, sa espirituhanon nga hangkag, kini mao ang kasingkasing nga nagpangita sa kamaayo sa Espiritu Santo, kung hain mao ang kamaayo sa kamatuoran. Kung tinuod kanatong mabunga kining bunga sa kamaayo, maangkon kanato ang kasingkasing sa Ginoo nga maputli ug walay lama.

Usahay, bisan ang mga tumuluo nga wala pa makadawat sa Espiritu Santo magsunod sa kamaayo sa ilang mga kinabuhi sa pipila ka gidak-on. Ang kalibutanon nga mga katawohan moaninag ug maghukom kung ang usa ka butang ba maayo o dautan sumala sa ilang mga tanlag. Sa dili pag-angkon og kaul-ol sa tanlag, ang kalibutanon nga mga katawohan maghunahuna nga sila maayo ug matarung. Apan ang tanlag sa usa ka tawo lahi gikan sa tagsa-tagsa nga tawo. Aron nga masabtan ang kamaayo sumala sa bunga sa Espiritu, kinahanglan kanatong una nga masabtan ang tanlag sa mga katawohan.

Pagpangita sa kamaayo sumala sa mga tinguha sa Espiritu Santo

Ang pipila ka bag-o nga mga tumuluo mahimong mohukom sa mga sermon sumala sa ilang kaugalingong kahibalo ug tanlag, nga nagsulti nga, "Kanang sultiha wala mag-uyon kauban niining siyentipiko nga teyorya." Apan sa ilang pagtubo sa pagtoo ug pagtuon sa Pulong sa Dios, ilang maamgohan nga ang ilang sukdanan sa paghukom dili husto.

Ang tanlag mao ang sukdanan aron makaaninag taliwala sa maayo ug dautan, kung hain nakabase sa pundasyon sa kinaiya sa usa ka tawo. Ang kinaiya sa usa ka tawo nakadepende sa klase sa enerhiya-sa-kinabuhi nga gipanganakan kaniya ug ang klase sa kalikopan kung asa siya gipadaku. Ang katong mga anak nga nakadawat og maayo nga enerhiya-sa-kinabuhi adunay maingon nga maayong mga kinaiya. Usab, ang mga katawohan nga gipadaku sa usa ka maayo nga kalikopan, nga nakakita ug nakadungog sa daghang maayo nga mga butang, lagmit nga magporma og maayo nga mga tanlag. Sa pikas nga bahin, kung ang usa ka tawo gipanganak kauban ang daghang dautan nga mga kinaiya gikan sa iyang mga ginikanan ug makapangatubang kauban sa daghang mga dautan nga butang, ang iyang kinaiya ug tanlag lagmit nga mahimong dautan.

Pananglitan, ang mga anak nga gitudloan nga magmatinud-anon moangkon og mga kahingawa sa tanlag kung sila mamakak. Apan ang katong mga anak nga gipadaku taliwala sa mga bakakon mobati nga kini natural lang nga mamakak. Dili gani sila maghunahuna nga sila namakak. Sa paghunahuna nga OK lang nga mamakak, ang ilang mga tanlag mamansahan sa dautan og pag-ayo nga sila dili moangkon og kaul-ol sa tanlag mahitungod niini.

Usab, bisan pa ang mga anak nga gipadaku sa parehong mga ginikanan sa parehong kalikopan, sila modawat sa mga butang sa nagkalain-lain nga mga paagi. Ang pipila ka mga anak mosunod lang sa ilang mga ginikanan samtang ang pipila ka ubang mga anak adunay makusog kaayo nga mga pagbulut-an ug lagmit nga dili mosunod. Unya, bisan pa ang mga magsoon gipadaku sa parehong mga ginikanan, ang ilang mga tanlag maporma sa lahi nga paagi.

Ang mga tanlag nagkalain-lain nga maporma depende sa sosyal ug ekonomiya nga mga prinsipyo kung asa sila nagtubo. Ang matag sosyedad adunay nagkalain-lain nga sistema sa prinsipyo, ug ang sukdanan sa 100 ka tuig nga miagi, 50 ka tuig nga miagi, ug sa karon tanan nagkalain-lain. Pananglitan, sa kaniadtong aduna sila'y mga ulipon, wala sila naghunahuna nga sayop kini nga mobunal sa mga ulipon ug pugson sila nga magtrabaho. Usab, sa gibana-bana nga 30 ka tuig lang nga miagi, kini dila madawat sa sosyedad ang mga babaye nga ipadayag ang ilang mga lawas sa publiko nga pagsibya. Sumala sa gihisgotan, ang mga tanlag mahimong magkalain-lain sumala sa indibiduwal, dapit, ug panahon. Ang katong naghunahuna nga ila lang gisunod ang ilang tanlag nagsunod lang kung unsa ang ilang gihunahuna nga maayo.

Apan kita nga mga tumuluo sa Dios adunay sama nga sukdanan kung hain kita makaila taliwala sa maayo ug dautan. Kita nag-angkon sa Pulong sa Dios isip nga sukdanan. Kining sukdanan pareho gahapon, karon, ug sa kahangtoran. Ang espirituhanon nga kamaayo mao ang pag-angkon niining kamatuoran isip nga atong tanlag ug magsunod niini. Kini mao ang kabubut-on nga magsunod sa mga tinguha sa Espiritu Santo ug magpangita sa kamaayo. Apan ang pag-angkon lang sa tinguha nga magsunod sa kamaayo, dili kanato masulti nga nabunga kanato ang bunga sa kamaayo. Mahimo lang kanatong masulti nga nagbunga kita sa bunga kung ang tinguha nga magsunod sa kamaayo gipakita ug gibuhat sa lihok.

Ang Mateo 12:35 nagsulti nga, *"Ang maayong tawo magapagulag maayo gikan sa iyang maayong bahandi."* Ang Proberbio 22:11 nagsulti sab nga, *"Kadtong mahagugma sa pagkaulay sa kasingkasing tungod sa grasya sa iyang mga pamulong, ang hari mahimong iyang higala."* Sumala sa mga bersikulo sa ibabaw, ang katong tinuod nga nagpangita sa kamaayo natural nga magbuhat og maayo nga mga lihok nga mahimong makita sa gawas. Bisan asa sila moadto ug bisan kinsa ang ilang mailhan, magpakita sila og pagkamahinatagon ug gugma kauban ang maayo nga mga pulong ug mga buhat. Sama sa usa ka tawo nga misabyag og pahumot magpagula og nindot nga kaamyon, ang katong adunay kamaayo magpagula og kaamyon ni Kristo.

Ang pipila ka mga katawohan nagkahidlaw sa pagpaugmad sa maayo nga kasingkasing, busa sila magsunod sa espirituhanon nga mga tawo ug gustong makighigala kanila. Sila nagkalipay sa pagdungog ug pagtuon sa kamatuoran. Sila dali ra matandog ug nagpatulo og daghang mga luha, sab. Apan dili sila makapaugmad sa maayo nga kasingkasing tungod lang kay sila adunay kahidlaw para niini. Kung ilang madungog ug matun-an ang usa ka butang, kinahanglan ila kining ipaugmad sa ilang kasingkasing ug aktuwal nga magbuhat niini. Panaglitan, kung gusto lang kanimong mokuyog sa maayo nga mga katawohan ug molikay sa katong dili maayo, kini ba tinuod nga pagkahidlaw sa kamaayo?

Aduna sab mga butang nga matun-an bisan sa katong dili gayud maayo. Bisan pa nga dili ka makatuon sa bisan unsang butang gikan kanila, mahimo kang makadawat og leksyon gikan sa ilang mga kinabuhi. Kung adunay usa ka tawo nga mainiton ang ulo, makatuon ka nga sa pag-angkon og mainiton nga ulo siya kanunay nga makakita og mga kaaway ug mga pakiglalis. Gikan niining obserbasyon matun-an kanimo nganong kinahanglan nga dili ka moangkon sa ingon nga kainiton sa ulo. Kung makigkuyog ka lang sa mga maayo, dili ka makatuon gikan sa relasyon sa mga butang nga imong makita o madungog. Adunay kanunay nga mga butang nga matun-an gikan sa tanang mga klase sa mga katawohan. Mahimo kang maghunahuna nga nagkahidlaw ka sa kamaayo og pag-ayo, ug matun-an ug makaamgo sa daghang mga butang, apan kinahanglan kanimong susihon ang imong kaugalingon kung ikaw ba nagkulang sa aktuwal nga mga buhat sa pagtipon sa kamaayo.

Pilia ang kamaayo sa tanang butang sama sa maayo nga Samaritano

Gikan niining punto, atuang tan-awon sa mas daghang detalye kung unsa ang espirituhanon nga kamaayo, kung hain mao ang paggukod sa kamaayo diha sa kamatuoran ug sa Espiritu Santo. Sa katinuoran, ang espirituhanon nga kamaayo halapad kaayo nga konsepto. Ang kinaiya sa Dios mao ang kamaayo, ug ang kanang kamaayo nasukip sa tibuok nga Biblia. Apan ang usa ka bersikulo kung asa mabati kanato og pag-ayo ang kaamyon sa kamaayo mao ang gikan sa Mga Taga-Filipos 2:1-4:

> *Busa kon aduna may pagkadinasig diha kang Kristo, kon aduna may pagkadinasig diha sa gugma, kon aduna may pakig-ambitay diha sa Espiritu, kon aduna may pagbinatiay sa kalomo ug pagkinaloy-anay, hingpita ninyo ang akong kalipay pinaagi sa inyong paggawi nga magkasinabtanay, nga managbaton sa samang pagbati sa paghigugma, sa samang panghunahuna ug katuyoan. Ayaw na kamo pagbuhat ug bisan unsa sa tuyo sa pagbahinbahin o sa kawang pagpagarbo sa kaugalingon, hinonoa uban sa pagpaubos isipa ang*

uban ingon nga labi pang maayo kay sa inyong kaugalingon; nga ang matag-usa kaninyo magatagad dili lamang sa iyang kaugalingong mga kahimtang, kondili sa mga kahimtang sa uban usab.

Ang usa ka tawo nga nagbunga sa espirituhanon nga kamaayo nagpangita sa kamaayo diha sa Ginoo, busa siya nagsuporta bisan pa sa mga buhat nga siya dili gayud nahiuyon. Ang ingon nga tawo mapainubuson ug walay bisan unsang pamati sa kakawangan nga ilhon og ipadayag. Bisan pa nga ang uban dili datu o intelihente sama kaniya, mahimo kaniyang motahod kanila gikan sa kasingkasing ug mahimo siyang tinuod nga higala kanila.

Bisan pa ang uban maghatag kaniya og kalisdanan nga walay hinungdan, iya lang sila dawaton kauban ang gugma. Siya magsilbi kanila ug magpaubos sa iyang kaugalingon, aron nga moangkon siya og kalinaw sa tanang tawo. Dili lang kaniya matinumanon nga buhaton ang iyang mga katungdanan apan motagad sab sa mga buhat sa ubang mga katawohan. Sa Lucas kapitulo 10, aduna kita'y sambingay sa Maayo nga Samaritano.

Ang usa ka tawo gitulis samtang naglugsong gikan sa Herusalem padulong sa Jericho. Siya gihuboan ug gibunalan unya namahawa sila nga nagbiya kaniya nga himalatyon. Dihay milabay nga usa ka saserdote ug nakakita kaniya nga siya himalatyon, apan gilabyan lang siya sa saserdote. Usa ka Levita ang nakakita kaniya sab, apan siya milabay lang sab. Ang mga saserdote ug mga Levita mao ang katong nakaila sa Pulong sa Dios ug nagsilbi sa Dios. Nakahibalo sila sa Kasugoan og maayo kaysa bisan kinsa nga mga katawohan. Sila sab nagpagarbo kung unsa sila kamaayo nga nagsilbi sa Dios.

Sa kaniadtong kinahanglan kanilang magsunod sa pagbulut-an sa Dios wala sila nagpakita sa mga buhat nga kinahanglan kanilang ipakita. Lagi, mahimo silang magsulti nga aduna sila'y mga rason nga dili makatabang kaniya. Apan kung sila aduna kamaayo, dili kanila mahimong dili motagad sa tawo nga desperado nga nagkinahanglan sa ilang tabang.

Sa ulahi, usa ka Samaritano ang milabay ug nakita kining tawo nga gikawatan. Ang Samaritano nalooy kaniya ug gitabunan ang iyang mga samad. Gipasakay siya kaniya sa iyang mananap ug gidala siya sa usa ka balay nga abutanan ug gisultihan ang tag-iya sa abutanan nga atimanon siya. Sunod nga adlaw, mihatag siya sa tag-iya sa abutanan og duha ka denario ug misaad nga sa iyang pagbalik iyang bayran ang labaw pa nga gasto sa tag-iya sa abutanan.

Kung ang Samaritano mihunahuna sa hinakog, wala unta siya'y rason nga buhaton ang iyang gibuhat. Siya sab sako, ug mahimo siyang mawad-an og panahon ug kuwarta kung siya malambigit sa mga kalihokan sa usa ka wala mailhi nga dumuloong. Usab, mahimo lang unta kaniyang mohatag kaniya og paunang tabang, dili kaniya kinahanglan nga sultihan ang tag-iya sa abutanan nga atimanon siya nga nagsaad kaniya nga bayran ang labaw pa nga gasto.

Apan tungod kay aduna siya'y kamaayo, dili kaniyang mahimong dili tagdon ang tawo nga himalatyon. Bisan pa nga siya mawad-an og panahon ug kuwarta, ug bisan pa nga siya sako, dili lang kaniya mapalabay ang usa ka tawo nga desperado nga nagkinahanglan sa iyang tabang. Sa kaniadtong dili kaniya matabangan ang tawo sa iyang kaugalingon, gihangyo kaniya ang usa pa ka tawo nga tabangan siya. Kung gilabyan lang sab kaniya siya tungod sa iyang personal nga mga rason, sa umaabot kining Samaritano mahimong modala niining kabug-at sa iyang kasingkasing.

Padayon unta siya nga mangutana ug magbasol sa iyang kaugalingon nga naghunahuna nga, 'Unas kaha ang nahitabo atong tawhana nga gisamaran. Unta ako siyang giluwas bisan pa nga ako mawad-an. Ang Dios nagtan-aw kanako ug nganong gibuhat man kana kanako?' Ang espirituhanon nga kamaayo mao ang dili mahimong madala kini kung dili kanato pilion ang dalan sa kamaayo. Bisan pa sa pagbati nga ang usa ka tawo nagsulay nga molimbong kanato, pilion kanato ang kamaayo sa tanang mga butang.

Ayaw og pakig-away o pagpasigarbo sa bisan unsang sitwasyon

Ang usa pa ka bersikulo nga magpabati kanato sa espirituhanon nga kamaayo mao ang Mateo 12:19-20. Ang bersikulo 19 nagsulti nga, *"Dili siya magapakiglalis, ni magasinggit; ug walay makadungog sa Iyang tingog diha sa kadalanan."* Sunod, ang bersikulo 20 nagsulti nga, *"Dili gani Siya mobali bisan sa bagakay nga nabasag na, ni mopalong bisan sa pabilo nga nagakapid-ok na, hangtud padag-on na Niya ang hustisya."*

Kini mao ang mahitungod sa espirituhanon nga kamaayo ni Hesus. Sa panahon sa Iyang ministriya, walay bisan unsang problema si Hesus o mga pakiglalis sa bisan kang kinsa. Sukad pagkabata Siya nagmatinumanon sa Pulong sa Dios, ug sa panahon sa Iyang publiko nga ministriya, Siya mibuhat lang sa maayo nga mga butang, nga nagwali sa Maayong Balita sa gingharian sa langit ug pag-ayo sa may sakit. Apan unya, ang mga dautan misulay Kaniya sa daghang mga pulong sa pagsulay nga patyon Siya.

Sa matag panahon, nakahibalo si Hesus sa ilang dautan nga mga intensiyon apan wala magdumot kanila. Iya lang sila gipaamgo sa tinuod nga pagbulut-an sa Dios. Sa kaniadtong dili gayud kanila kini maamgohan, wala Siya makiglalis kanila apan milikay lang kanila. Bisan pa sa kaniadtong Siya gipangutana sa atubangan sa paglansang, wala Siya nakig-away o nakiglalis.

Sa atong paglabay sa estado sa pagkabagito sa atong Kristohanon nga pagtoo, atong natun-an ang Pulong sa Dios sa pipila ka kadakuon. Dili kita andam nga magpadaku sa atong tingog o saputon tungod lang sa pipila ka mga dili paghiuyon sa uban. Apan ang pakig-away dili lang ang pagpadaku sa atong tingog. Kung kita adunay dili komportable nga mga pagbati tungod sa pipila ka mga dili paghiuyon, kini mao ang pagpakig-away. Atong masulti nga kini usa ka away kay ang kalinaw sa kasingkasing naguba.

Kung adunay pakig-away sa kasingkasing, ang hinungdan anaa sa sulod sa kaugalingon. Dili tungod kay ang usa ka tawo naghatag kanato og kalisdanan. Kini dili tungod kay sila wala maglihok sa paagi nga atong gihunahuna nga husto. Kini tungod kay ang atong mga kasingkasing hiktin ra kaayo aron madawat sila, ug kini tungod kay aduna kita'y tigbalayon sa mga hunahuna nga nagbutang kanato sa usa ka pagbangga sa daghang mga butang.

Ang usa ka piraso nga mahumok nga gapas dili magbuhat og saba kung kini maigo sa bisan unsang butang. Bisan pa kung kita mouyog sa usa ka baso nga nag-unod og maputli ug limpiyo nga tubig, ang tubig sa gihapon magpabilin nga maputli ug limpiyo.

Kini sama sa kasingkasing sa mga tawo. Kung ang kalinaw sa pangisip maguba ug ang pipila ka dili komportable nga mga pagbati ang motungha sa piho nga sitwasyon, kini tungod kay ang dautan anaa sa gihapon diha sa kasingkasing.

Gisulti kini nga si Hesus wala mosinggit, busa, para sa unsang rason man nga ang mga katawohan mosinggit? Kini tungod kay gusto kanilang ipadayag ug ipakita ang ilang mga kaugalingon. Sila mosinggit tungod kay gusto kanilang mailhan ug masilbihan sa ubang katawohan.

Si Hesus mipakita sa ingon nga daku kaayong mga buhat sama sa pagpabuhi sa patay ug pag-abli sa mga mata sa buta. Apan, sa gihapon siya mapainubuson. Dugang pa, bisan sa kaniadtong ang mga katawohan mibiaybiay Kaniya samtang Siya gilansang sa krus, Siya mituman lang sa kabubut-on sa Dios hangtud mamatay, kay Siya walay intensyon nga ipadayag ang Iyang kaugalingon (Mga Taga-Filipos 2:5-8). Gisulti sab kini nga walay bisan kinsa ang makadungog sa Iyang tingog sa kadalanan. Kini nagsulti kanato sa Iyang binatasan nga hingpit. Siya hingpit sa Iyang pagbarog, kinaiya, ug paagi sa panulti. Ang iyang daku kaayong kamaayo, kamainubsanon, ug espirituhanon nga gugma nga anaa sa ilalom sa sulod sa Iyang kasingkasing gipadayag sa gawas.

Kung atong mabunga ang bunga sa espirituhanon nga kamaayo, dili kita moangkon og bisan unsang pakigbangi o mga problema sa bisan kang kinsa sa samang paagi nga ang atong Ginoo walay mga pakigbangi. Dili kita mohisgot sa mga sayop o mga kakulangan sa mga katawohan. Dili kita mosulay nga ipakita ang atong kaugalingon o ipahitaas ang atong mga kaugalingon sa uban. Bisan pa nga kita dili makatarunganan nga moantos, dili kita moreklamo.

Ayaw pagbali sa bagakay nga nabasag na o mopalong sa pabilo nga nagakapid-ok

Kung kita magpatubo sa usa ka kahoy o mga tanom, kung aduna silay mga dahon o mga sanga nga nabasag na, sa kasagaran ato silang putlon. Usab, kung ang usa ka pabilo nagakapid-ok na, ang suga dili na hayag, ug kini magpagula og aso. Busa, ang mga katawohan mopalong lang niini. Apan ang katong adunay espirituhanon nga kamaayo dili 'mobali sa bagakay nga nabasag na o mopalong sa pabilo nga nagakapikd-ok'. Kung adunay pinakagamay nga higayon sa paghiuli, dili kanila maputol ang kinabuhi, ug sulayan nga moabli sa usa ka paagi sa kinabuhi para sa uban.

Nganhi, ang 'bagakay nga nabasag na' nagpasabot sa katong napuno sa mga sala ug dautan niining kalibutan. Ang pabilo nga nagakapid-ok nagsimbolo sa katong ang mga kasingkasing namansahan na og pag-ayo sa dautan nga ang kahayag sa ilang kalag hapit na mamatay. Dili lagmit nga kining mga katawohan nga sama sa nabasag nga mga bagakay ang modawat sa Ginoo. Bisan pa nga sila nagtoo sa Dios, ang ilang mga buhat walay kalahian gikan sa katong kalibutanon nga mga katawohan. Sila mosulti pa batok sa Espiritu Santo o mobarog batok sa Dios. Sa panahon ni Hesus, adunay daghan nga dili motoo kang Hesus. Ug bisan sila nakakita sa ingon nga makahibulong nga mga buhat sa gahum, sa gihapon sila mibarog batok sa mga buhat sa Espiritu Santo. Sa gihapon, si Hesus mitan-aw kanila kauban ang pagtoo hangtud sa katapusan ug miabli sa mga higayon para kanila nga makadawat og kaluwasan.

Karong adlawa, bisan pa sa mga iglesia, adunay daghang mga

katawohan nga morag mga bagakay nga nabasag na ug mga pabilo nga nagakapid-ok. Sila motawag, 'Ginoo, Ginoo' sa ilang mga wait apan sa gihapon nabuhi sa mga sala. Ang pipila kanila gani mobarog batok sa Dios. Kauban sa ilang mahuyang nga pagtoo, sila madagma sa tintasyon ug moundang og simba sa iglesia. Pagkahuman og buhat sa mga butang nga giila isip nga dautan sa iglesia, sila maulaw og pag-ayo nga mobiya sila sa iglesia. Kung aduna kita'y kamaayo, kinahanglan una kanatong ituy-od ang atong mga kamot ngadto kanila.

Ang pipila ka mga katawohan gustong higugmaon ug ilhon sa iglesia, apan kung kini dili mahinabo, ang dautan diha sa sulod kanila mogawas. Sila manibugho sa katong gihigugma sa mga miyembro sa iglesia ug ang sa katong miuswag ang espiritu, ug mosultig daot kanila. Dili kanila tipigan ang ilang mga kasingkasing para sa piho nga buhat kung dili kini sila maoy misugod kanila, ug mosulay sila og pangitag sayop sa katong mga buhata.

Bisan pa niining mga kasoha, ang katong adunay bunga sa espirituhanon nga kamaayo modawat niining mga katawohan nga mipagawas sa ilang kadaut. Dili kanila sulayan nga ilhon kung kinsa ang husto o sayop, o maayo o dautan, ug unya sumpoon sila. Ilang tunawon ug tandogon ang ilang mga kasingkasing pinaagi sa pagtratar kanila sa kamaayo kauban ang matinud-anon nga kasingkasing.

Pipila ka mga katawohan mohangyo kanako nga ipaila kanila ang katong mga katawohan nga nagsimba sa iglesia nga adunay tinago nga mga motibo. Sila nagsulti nga kung buhaton kini ang mga miyembro sa iglesia dili malimbongan ug ang ingon nga mga katawohan dili gayud moadto sa iglesia. Oo, ang pagpaila kanila mahimong magpaputli sa iglesia, apan unsa kaha kini kamakauulaw para sa mga miyembro sa ilang pamilya o sa katong midala kanila sa iglesia? Kung atong ibton ang mga miyembro sa iglesia para sa nagkalain-lain nga mga rason, dili daghan kaayong mga katawohan ang mahabilin sa iglesia. Kini usa sa mga katungdanan sa iglesia nga magbag-o bisan pa sa dautan nga mga katawohan ug magadala kanila ngadto sa gingharian sa langit.

Lagi, ang pipila ka mga katawohan ang magpadayon sa pagpakita og nagkadaku nga kadaut, ug sila mahagbong ngadto sa dalan sa kamatayon bisan pa nga kita magpakita og kamaayo kanila. Apan bisan niining mga kasoha, dili lang kita mobutang og limit sa atong paglahutay ug mobiya kanila kung sila molapaw sa limit. Kini mao ang espirituhanon nga kamaayo ang magsulay nga tugotan sila nga magpangita sa espirituhanon nga kinabuhi nga dili moundang hangtud sa katapusan.

Ang trigo ug ang uhot kaanggid tan-awon apan ang uhot walay unod. Pagkahuman sa ani, ang mag-uuma motapok sa trigo ngadto sa dapa ug sunugon ang uhot. O iya kining gamiton isip nga patambok sa tanom. Adunay mga trigo ug mga uhot sa iglesia, sab. Sa gawas, ang tanang tawo mahimong tan-awon nga sila mga tumuluo, apan anaa diha ang trigo nga nagmatinumanon sa Pulong sa Dios samtang anaa ang uhot nga nagsunod sa dautan.

Apan sama nga ang mag-uuma mohulat hangtud sa ani, ang Dios sa gugma naghulat para sa katong sama sa uhot nga magbag-o hangtud sa ulahi. Hangtud nga ang katapusan nga adlaw moabot, kinahanglan kanatong mohatag og mga higayon sa tanang tawo nga maluwas ug tan-awon ang tanang tawo kauban ang mga mata sa pagtoo, pinaagi sa pagpaugmad sa espirituhanon nga kamayo diha kanato.

Kagahum sa pagsunod sa kamaayo diha sa kamatuoran

Mahimo kang maglibog kung unsaon paghilain niining espirituhanon nga kamaayo gikan sa ubang espirituhanon nga mga kinaiya. Kana mao nga, sa sambingay sa Maayong Samaritano, ang iyang mga lihok mahimong mahulagway isip nga manggihinatagon sa hunahuna ug maloloy-on; ug kung dili kita makig-away o mopadaku sa atong mga tingog, nan kita tingali anaa sa kalinaw ug sa pagkamainubsanon. Unya, kini bang tanang mga butanga giapil sa kinaiya sa espirituhanon nga kamaayo?

Lagi, ang gugma, pagkamanggihinatagon sa kasingkasing, kalooy, kalinaw, ug pagkamainubsanon tanan nahisakop sa kamaayo. Sumala sa gihisgotan sa una, ang kamaayo mao ang kinaiya sa Dios ug kini usa ka halapad kaayo nga konsepto. Apan ang kasagaran nga mga aspeto sa espirituhanon nga kamaayo mao ang tinguha nga magsunod sa ingon nga kamaayo ug ang kalig-on aron nga aktuwal kini nga mabuhat. Ang pagtuktok dili sa kalooy nga mag-angkon og kahinugon sa uban o ang mga paglihok sa pagtabang kanila mismo. Ang pagtutok mao ang kamaayo kung hain ang Samaritano dili lang makalabay kung kanus-a siya gikinahanglan nga moangkon og kalooy.

Usab, ang dili pagpakig-away ug dili pagsultig kusog bahin sa pagkamainubsanon. Apan ang kinaiya sa espirituhanon nga kamaayo niining mga kasoha mao nga dili kanato maguba ang kalinaw kay kita nagsunod sa espirituhanon nga kamaayo.

Hinonoa nga magsinggit ug mailhan, gusto kanatong magpaubos tungod kay kita nagsunod niining kamaayo.

Sa pagkamatinumanon, kung anaa kanimo ang bunga sa kamaayo, magmatinumanon ka dili lang sa usa ka butang apan usab sa tibuok balay sa Dios. Kung imong pasagdan ang bisan unsa sa imong mga katungdanan, mahimo adunay usa ka tawo nga mag-antos tungod niini. Ang gingharian sa Dios mahimong dili matuman sumala sa ingon nga gikinahanglan kini. Busa, dili lang kanimo pasagdan sila, busa imong sulayan nga magmatinumanon sa tibuok balay sa Dios. Mahimo kanimong ma-aplikar kining prinsipyo sa ubang tanan nga mga kinaiya sa espiritu.

Ang katong mga dautan dili mahimong komportable kung sila dili maglihok og dautan. Sa kadakuon nga sila adunay kadaut, mabati lang kanila nga OK sa pagpagawas lang og daghan kaayong dautan. Para sa katong adunay batasan nga mosal-ot samtang nagsulti ang uban, dili kanila mapunggan ang ilang mga kaugalingon kung dili sila makabalda sa pakighinabi sa ubang mga katawohan. Bisan pa nga ilang pasakitan ang pagbati sa uban o maghatag og mga kalisdanan kanila, sila malinawon sa ilang mga kaugalingon sa pagbuhat lang sa unsang gusto kanilang buhaton. Bisan pa niana, kung mahinumduman kanila ug magpadayon sa pagsalikway sa ilang dili maayo nga mga batasan ug mga kinaiya nga wala mahiuyon sa Pulong sa Dios, mahimo kanilang masalikway ang kadaghanan kanila. Apan kung dili kanila sulayan ug moundang na lang, sila magpabilin nga hisama pagkahuman og napulo o kaluhaan ka tuig.

Apan ang mga tawo sa kamaayo mao ang kaatbang. Kung dili sila magsunod sa kamaayo, moangkon sila og mas daghang dili komportable nga mga pagbati kaysa kung sila mawad-an, ug sila maghunahuna niini og balik-balik. Busa, bisan pa kung sila mawad-an, dili sila gustong modaot sa uban. Bisan pa nga kini hasol kanila, ilang sulayan nga mopabilin sa mga lagda.

Mabati kanato kining kasingkasing gikan sa unsang gisulti ni Pablo. Aduna siya'y pagtoo nga mokaon og karne, apan kung kini makahinungdan sa bisan kinsang ubang tawo nga madagma, dili siya gustong mokaon og bisan unsang karne sa nahabilin sa iyang kinabuhi. Sa samang paagi, kung unsay makapalipay kanila ang mahimong makahinungdan sa bisan unsang kahasol sa uban, ang mga katawohan sa kamaayo hinonoa dili mangalipay niini ug mas mangalipay nga kini likayan para sa uban. Dili sila makabuhat og bisan unsang butanga nga makaulaw sa uban; ug, dili sila makabuhat og bisan unsang butanga nga makapabuhat sa Espiritu Santo diha kanila nga mag-agulo.

Sama niini, kung mosunod ka sa kamaayo sa tanang mga butang, kini nagkahulogan nga nagbunga ka sa bunga sa espirituhanon nga kamaayo. Kung mabunga kanimo ang espirituhanon nga kamaayo, maangkon kanimo ang kinaiya sa Ginoo. Dili ka mobuhat og bisan unsang butanga nga makapabuhat sa bisan gamay nga tawo nga madagma. Maangkon kanimo ang kamaayo ug kamainubsanon sa gawas sab. Talahoron ka kay nag-angkon ka sa porma sa Ginoo, ug ang imong gawi ug lengguwahe mamahingpit sab. Maanyag ka sa panan-aw sa tanang tawo, nga nagpagula sa kaamyon ni Kristo.

Ang Mateo 5:15-16 nagsulti nga, *"...ang mga tawo dili usab magdagkot ug suga aron ibutang kini sa ilalum sa gantangan, kondili sa ibabaw sa tongtonganan, ug kini magaiwag kanilang tanan nga anaa sa sulod sa balay. Pasigaa ninyo ang inyong kahayag sa atubangan sa mga tawo aron makita nila ang inyong mga maayong buhat ug dayegon nila ang inyong Amahan nga anaa sa langit."* Usab, ang 2 Mga Taga-Corinto 2:15 nagsulti nga, *"Kay kita mao ang kaamyon ni Kristo ngadto sa Dios sa taliwala kanila nga mga ginaluwas ug kanila nga mga nagakalaglag."* Busa, naglaum ko nga maghatag ka og himaya sa Dios sa tanang mga butang pinaagi sa madali nga pagbunga sa bunga sa espirituhanon nga kamaayo ug magpagula sa kahumot ni Kristo sa kalibutan.

Numeros 12:7-8

"Siya matinumanon sa tibook ko nga balay;

Uban kaniya makigsulti ako kaniya sa baba ug baba bisan sa dayag,

ug dili pinaagi sa mangitngit nga mga pulong,

ug makita niya ang dagway sa GINOO."

Kapitulo 8

Pagkamatinumanon

Aron mailhan ang atong pagkamatinumanon
Mas daghan ang buhaton kaysa gihatag
Magmatinumanon diha sa kamatuoran
Magtrabaho sumala sa kabubut-on sa agalon
Magmatinumanon sa tibuok balay sa Dios
Pagkamatinumanon para sa gingharian ug pagkamatarung sa Dios

Pagkamatinumanon

Usa ka tawo moadto sa usa ka bihaye sa langyaw nga nasud. Samtang atua sa layo ang iyang mga kabtangan gikinahanglan nga atimanon, busa iyang gihatag kining trabaho sa iyang tulo ka mga ulipon. Sumala sa ilang mga kapasidad mihatag siya sa matag-usa og, usa ka talanton, duha ka mga talanton, ug lima ka mga talanto. Ang ulipon nga nakadawat og lima ka mga talanton gipamatigayon niya kini para sa iyang agalon ug nakaganansiya siyag laing lima ka mga talanton. Ang ulipon nga gihatagan og duha ka mga talanton nakaganansiya sab og duha ka dugang nga mga talanton. Apan ang usa ka adunay usa ka talanton gilubong lang ang talento sa yuta ug wala nakaganansiya.

Gidayeg sa agalon ang mga ulipon nga nakaganansiya og duha ug lima ka dugang mga mga talanton ug mihatag kanila og ganti, nga nagsulti nga *"Maayong pagkabuhat, maayo ug kasaligan nga ulipon;"* (Mateo 25:21). Apan iyang gibadlong ang ulipon nga milubong sa usa ka talanton nga nagsulti nga, *"Dautan ug taspukan nga ulipon"* (b. 26).

Ang Dios naghatag sab kanato og mga katungdanan sumala sa atong mga talento, aron nga kita makatrabaho para Kaniya. Sa pagtuman lang kanato sa atong mga katungdanan kauban ang tanan kanatong mga kalig-on ug benepisyo sa gingharian sa Dios, nga mahimo kitang mailhan isip nga 'maayo ug kasaligan nga ulipon'.

Aron mailhan ang atong pagkamatinumanon

Ang depenisyon sa diksiyonaryo sa pulong sa 'pagkamatinumanon' mao ang kalidad sa kalig-on sa gugma o pagdapig, o malig-on nga pagtuman sa mga saad o pagsunod sa katungdanan'. Bisan sa kalibutan, ang matinumanon nga mga katawohan gipabilhan kaayo tungod nga masaligan.

Apan ang klase sa pagkamatinunanon nga ilhon sa Dios lahi kaysa kalibutanon nga mga katawohan. Ang hingpit lang nga pagtuman sa atong katungdanan sa lihok dili mahimong espirituhanon nga pagkamatinumanon. Usab, kung ibutang kanato ang atong paningkamot ug bisan pa ang atong mga kinabuhi sa usa ka partikular nga dapit, kini dili hingpit nga pagkamatinumanon. Kung atong tumanon ang atong mga katungdanan isip nga usa ka asawa, usa ka inahan, usa ka bana, kini ba matawag nga pagkamatinumanon? Kini mao lang nga gibuhat kanato ang unsang kinahanglan kanatong buhaton.

Ang katong espirituhanon nga matinumanon mga bahandi sa gingharian sa Dios ug sila nagpagula og mahumot nga kahumot. Sila nagpagula og kaamyon sa dili magbag-o nga kasingkasing, ang kaamyon sa malig-on nga pagkamasinugtanon. Ang usa mahimong magkumpara niini sa pagkamasinugtanon sa usa ka maayo nga magbubuhat nga baka ug ang kaamyon sa masaligan nga kasingkasing. Kung mahimo kanatong magpagula niining mga klase sa mga kaamyon, ang Ginoo magsulti sab nga kita matahom kaayo ug gusto Kaniyang mogakus kanato. Kini mao ang kaso ni Moises.

Ang mga anak sa Israel nahimong mga ulipon sa Ehipto alang sa sobra sa 400 ka tuig, ug si Moises adunay katungdanan nga magdala kanila sa yuta sa Canaan. Siya gihigugma og pag-ayo sa Dios nga ang Dios nakig-istorya kaniya nawong sa nawong. Siya matinumanon sa tibuok balay sa Dios ug mituman sa tanang butang nga gisugo sa Dios kaniya. Wala gani kaniya gihunahuna ang tanan nga mga problema nga mahimo kaniyang masagubang. Siya sobra pa kaysa matinumanon sa tanang mga dapit sa pagtuman sa katungdanan sa pagkapangulo sa Israel ug sa pagkamatinumanon sab sa iyang pamilya.

Usa ka adlaw, ang ugangan nga lalaki ni Moises, si Jethro, miadto kaniya. Misulti kaniya si Moises mahitungod sa tanang makahibulong nga mga butang nga gibuhat sa Dios para sa mga katawohan sa Israel. Sunod nga adlaw, si Jethro nakakita og usa ka butang nga baligho. Ang mga katawohan naglinya sugod sa kadlawon aron makita si Moises. Sila midala kang Moises sa mga panagbangi nga dili kanila mahukman taliwala sa ilang mga kaugalingon. Mibuhat karon si Jethro og usa ka suhestiyon.

Ang Exodo 18:21-22 nagsulti nga, *"Labut pa magaandam ka gikan sa tanan nga katawohan ug mga tawo nga may katakus, mga tawo nga mahadlokon sa Dios, mga tawo sa kamatuoran, nga nagadumot sa ganansiya nga dili-matarung; ug ibutang mo kini sila sa ibabaw nila, nga mga pangulo sa mga linibo, mga pangulo sa mga ginatus, mga pangulo sa mga tagkalim-an, ug mga pangulo sa tinagpulo. Ug sila ang pahukmon sa katawohan sa tanan nga panahon; ug himoon kini nga ang tanang hulosayon nga dagku pagadad-on nila kanimo, ug sila magahukom sa tanang hulosayon nga ginagmay. Niini mamasayon alang kanimo, ug magayayong sila sa lulan uban kanimo."*

Naminaw si Moises sa iyang mga pulong. Naamgohan kaniya nga ang iyang ugangan nga lalaki adunay punto ug midawat sa iyang suhestiyon. Mipili si Moises sa takus nga mga tawo nga nagadumot sa ganansiya nga dili-matarung ug gibutang sila sa ibabaw sa mga katawohan isip nga mga pangulo sa linibo, ginatus, tagkalim-an, ug tinagpulo. Sila milihok isip nga mga hukom para sa mga katawohan sa kinaandan ug ginagmay nga mga butang ug si Moises naghukom sa dagku nga mga panagbangi.

Ang usa ka tawo mahimong magbunga sa bunga sa pagkamatinumanon kung siya magatuman sa tanan kaniyang katungdanan kauban ang maayo nga kasingkasing. Si Moises matinumanon sa iyang mga miyembro sa pamilya ug sa pagsilbi sa mga katawohan sab. Iyang gihatag ang tanan kaniyang panahon ug paningkamot, ug alang niining rasona siya giila isip nga ang katong nagmatinumanon sa tanang balay sa Dios. Ang Numeros 12:7-8 nagsulti nga, *"Si Moises nga akong alagad dili sama niini; siya matinumanon sa tibuok Ko nga balay: uban kaniya makigsulti ako kaniya sa baba ug baba bisan sa dayag, ug dili pinaagi sa mangitngit nga mga pulong; ug makita niya ang dagway sa GINOO."*

Karon, unsang klase sa tawo ang katong nagbunga sa bunga sa pagkamatinumanon ilhon sa Dios?

Mas daghan ang buhaton kaysa gihatag

Kung ang mga trabahador bayran para sa ilang trabaho, dili kita makasulti nga sila nagmatinumanon kung tumanon lang kanila ang ilang mga katungdanan. Atong masulti nga ilang gibuhat ang ilang trabaho, apan gibuhat lang kanila ang kung unsay gibayran kanila, busa dili kita makasulti nga sila matinumanon. Apan bisan sa mga nabayran nga mga trabahador, adunay pipila nga nagbuhat og mas labaw kaysa kung unsay gibayad kanila nga buhaton. Wala kini kanila gibuhat kauban ang kataha o sa paghunahuna lang nga kinahanglan kanilang magtrabaho sa gidaghanon sa gibayad kanila. Sila nagtuman sa katungdanan sa tibuok kanilang kasingkasing, hunahuna, ug kalag, nga wala nagpalingkawas sa ilang panahon ug kuwarta, kay nag-angkon sa tinguha gumikan sa ilang kasingkasing.

Ang pipila sa bug-os-nga-panahon nga mga trabahante sa iglesia nagbuhat og labaw kaysa unsang gihatag kanila. Sila nagtrabaho pagkahuman sa mga oras sa trabaho o sa mga kapistahan, ug sa katong wala sila nagtrabaho, sila kanunay nga naghunahuna mahitungod sa ilang katungdanan sa Dios. Kanunay sila nga naghunahuna sa mga paagi aron nga makasilbi og mas maayo sa iglesia ug sa mga miyembro pinaagi sa pagbuhat og mas daghan kaysa gihatag kanila nga trabaho. Dugang pa, sila mokuha sa mga katungdanan sa mga lideres sa cell nga grupo aron nga atimanon ang mga kalag. Mao kini niining paagiha nga pagkamatinumanon kini nga magbuhat og mas daghan kaysa unsang gikasalig kanato.

Usab, sa pagkuha og responsibilidad, ang katong magbunga sa bunga sa pagkamatinumanon magbuhat og mas daghan kaysa unsang ilang mga responsibilidad. Panaglitan, sa kaso ni Moises, iyang gihatag ang iyang kinabuhi sa kaniadtong nangampo siya aron maluwas ang mga anak sa Israel nga mibuhat og mga sala. Ato kining makita gikan sa iyang pag-ampo nga anaa sa Exodo 32:31-32, kung hain nagsulti nga, *"Oh, kining katawohan nakasala ug usa ka dakung sala, ug nagbuhat sila ug mga dios nga bulawan. Apan karon, kong pasayloon mo ang ilang sala ug dili ugaling, palaa ako, ginaampo ko Kanimo, gikan sa*

Imong basahon nga gisulatan Mo!"

Sa kaniadtong nagtuman si Moises sa iyang katungdanan, wala lang siya mosugot sa lihok nga buhaton kung unsa ang gisugo sa Dios kaniya nga buhaton. Wala siya naghunahuna nga, 'gibuhat kanako ang akong pinakamaayo sa paghatud kabubut-on sa Dios kanila, apan sila wala modwat niini. Dili na ko makatabang kanila.' Siya miangkon sa kasingkasing sa Dios ug migiya sa mga katawohan kauban ang tanan kaniyang gugma ug paningkamot. Mao kana nganong, sa kaniadtong mibuhat ang mg katawohan og mga sala, iyang gibati nga kini iyang kaugalingong sayop, ug gusto kaniyang kuhaon ang responsibilidad para niini.

Kini mao sab sa apostol nga si Pablo. Ang Mga Taga-Roma 9:3 nagsulti nga, *"Kay arang ko pa gani matinguha ang akong pagkatinunglo ug pagkasinalikway gikan kang Kristo alang sa kaayohan sa akong mga igsoon, nga ako rang mga paryenti sa pagkatawo."* Apan bisan pa nga atong madungog ug mahibaloan ang mahitungod sa pagkamatinumanon ni Pablo ug ni Moises, kini wala nagpasabot nga atuang napaugmad ang pagkamatinumanon.

Bisan pa ang katong adunay pagtoo ug nagbuhat sa ilang mga katungdanan adunay usa ka butang nga lahi nga isulti kaysa kung unsa ang gisulti ni Moises kung sila anaa sa sama nga sitwasyon nga iyang nabutangan. Kana mao nga, sila mahimong magsulti nga, "Oh Dios, gibuhat kanako ang akong pinakamaayo. Nibati ko og kalooy sa mga katawohan, apan ako sab miantos og daghan samtang nagdala niining mga katawohan." Ang unsa'y ilang tinuod nga gisulti mao nga, "Ako masaligon kay akong gibuhat ang tanang butang nga gikinahanglan kanakong buhaton." O, mahimo silang magkabalaka nga ilang madawat ang pagbadlong kauban sa uban alang sa mga sala niadtong mga katawohan, bisan pa nga sila sa ilang mga kaugalingon dili responsable. Ang kasingkasing sa ingon nga mga katawohan sama niini hilayo kaayo gikan sa pagkamatinunamon.

Lagi, dili ang bisan kinsa lang ang makaampo nga, "Palihog pasayloa ang ilang mga sala o palaa ko gikan sa libro sa kinabuhi." Kini nagpasabot lang nga kung mabunga kanato ang bunga sa pagkamatinumanon diha sa atong kasingkasing, dili kanato masulti nga dili kita responsable sa mga butang nga nasayop. Ayha pa kanatong hunahunaon nga gibuhat kanato ang atong pinakamaayo sa atong mga buhat, una kitang maghunahuna mahitungod sa klase sa kasingkasing nga aduna kita sa kaniadtong gihatag ang mga katungdanan kanato sa unang higayon.

Usab, una kanatong hunahunaon ang gugma ug kalooy sa Dios alang sa mga kalag ug nga ang Dios dili gusto kanila nga malaglag bisan pa nga Siya nagsulti nga Iyahang silotan sila alang sa ilang mga sala. Unya, unsang klase sa pag-ampo ang atong ihalad ngadto sa Dios? Tingali atong masulti gikan sa giladmon sa atong mga kasingkasing nga, "Oh Dios, kini mao ang akong sayop. Ako ang wala mogiya kanila og mas maayo. Hatagi sila og usa pa ka higayon bilang konsiderasyon alang kanako."

Kini sama sa tanang ubang mga aspeto. Ang katong nagmatinumanon dili lang mosulti nga, "Igo na ang akong nabuhat," apan sila magaawas nga magtrabaho sa tibuok kanilang kasingkasing. Sa 2 Mga Taga-Corinto 12:15 si Pablo miingon nga, *"Apan igakalipay ko gayud nga ako magagasto ug pagagastohon alang sa inyong mga kalag. Kon milabi man kadaku ang akong paghigugma kaninyo, pakubson ba diay ninyo ang inyong paghigugma kanako tungod niini?"*

Kana mao nga, si Pablo wala gipugos nga atimanon ang mga kalag mi taphaw kini kaniya nga gibuhat. Siya mikuha og daku nga kalipay sa pagtuman sa iyang katungdanan ug mao kana nganong siya miingon nga siya pagagastohon alang sa mga kalag sa uban.

Iyang balik-balik nga gitanyag ang iyang kaugalingon kauban ang hingpit nga debosyon alang sa mga kalag sa uban. Sama sa kaso ni Pablo, kini mao ang tinuod nga pagkamatinumanon kung atong nagaawas nga matuman ang atong katungdanan kauban ang kalipay ug gugma.

Magmatinumanon diha sa kamatuoran

Kunohay ang usa ka tawo misalmot sa usa ka hugpong ug iyang gipahinungod ang iyang kinabuhi sa boss sa hugpong. Mosulti ba ang Dios nga siya matinumanon? Siyempre dili! Ang Dios makaila lang sa atong pagkamatinumanon kung kita matinumanon sa kamaayo ug sa kamatuoran.

Kay ang mga Kristohanon magadala og makugihon nga kinabuhi sa pagtoo, lagmit sila nga hatagan og daghang mga katungdanan. Sa pipila ka mga kaso nagsulay sila nga matuman ang ilang mga katungdanan kauban ang kadasig sa una, apan mobiya lang sila sa usa ka piho nga punto. Ang ilang mga hunahuna mahimong makuha sa ilang plano sa pagpadaku sa ilang negosyo. Mahimo kanilang mawala ang ilang kadasig sa ilang katungdanan tungod sa mga kalisud sa kinabuhi o tungod gusto kanilang molikay sa mga panglutos gikan sa uban. Nganong mobag-o man ang ilang hunahuna niining paagiha? Kini tungod kay ilang gipasagdan ang espirituhanon nga pagkamatinumanon samtang nagtrabaho alang sa gingharian sa Dios.

Ang espirituhanon nga pagkamatinumanon mao ang pagsirkunsisyon sa atong kasingkasing. Kini mao ang padayon nga paghugas sa kupo sa atong mga kasingkasing. Kini mao ang pagsalikway sa tanang mga klase sa mga sala, mga kabakakan, dautan, dili-pagkamatarung, kalapasan, ug kangitngit ug mahimong balaan. Ang Pinadayag 2:10 nagsulti nga, *"Himoa ang pagkamatinumanon Kanako bisan pa sa kamatayon, ug hatagan ko ikaw sa korona nga kinabuhi."* Nganhi, ang pagkamatinumanon bisan pa sa kamatayon wala lang magpasabot nga kinahanglan kanatong magtrabaho og pag-ayo ug matinumanon hangtud sa atong pisikal nga kamatayon. Kini sab nagpasabot nga kinahanglan kanatong sulayan nga bug-os nga matuman ang Pulong sa Dios sa Biblia sa tibuok kanatong mga kinabuhi.

Aron nga matuman ang espirituhanon nga pagkamatinumanon, kinahanglan kanatong una nga makigbisog batok sa mga sala ngadto sa punto sa pagpatulo sa dugo ug ipabilin ang mga sugo sa Dios. Ang ibabaw nga prayoridad mao ang mosalikway pahilayo sa dautan, sala, ug mga kabakakan nga gikadumtan sa Dios og pag-ayo. Kung kita pisikal nga nagtrabaho og pag-ayo nga wala masirkunsisyon ang atong kasingkasing, dili kini kanato masulti nga kini espirituhanon nga pagkamatinumanon. Sama sa gisulti ni Pablo, "Nagakamatay ko adlaw-adlaw," kinahanglan kanatong hingpit nga patyon ang atong unod ug magpabalaan. Mao kini ang espirituhanon nga pagkamatinumanon.

Ang unsay pinakatinguha sa Dios nga Amahan kanato mao ang pagkabalaan. Kinahanglan kanatong maamgohan kining punto ug buhaton ang atong pinakamaayo sa pagsirkunsisyon sa atong mga kasingkasing. Lagi, kini wala nagpasabot nga dili kita makakuha sa bisan unsang mga katungdanan sa wala pa kita hingpit nga mapabalaan. Kini nagpasabot nga bisan unsang katungdanan nga atong gidala sa pagkakaron, kinahanglan kanatong matuman ang pagkabalaan samtang nagbuhat sa atong mga katungdanan.

Ang katong padayon nga nagsirkunsisyon sa ilang mga kasingkasing dili magbag-o sa kinaiya sa ilang pagkamatinumanon. Dili kanila buy-an ang ilang bilihon nga katungdanan tungod lang kay aduna sila'y mga kalisud sa adlaw-adlaw nga kinabuhi o pipila ka mga kasakitan sa kasingkasing. Ang gihatag-sa-Dios nga mga katungdanan mga saad nga gibuhat taliwala sa Dios ug kanato, ug kinahanglan dili kanato balion ang atong mga saad sa Dios sa bisan unsang mga kalisdanan.

Sa pikas nga bahin, unsa man ang mahinabo kung atong pasagdan ang pagsirkunsisyon sa atong mga kasingkasing? Dili kanato mahimong mapabilin ang atong kasingkasing kung kita mangatubang og mga kalisud ug mga kalisdanan. Mahimo kanatong mobiya sa relasyon sa pagsalig sa Dios ug buy-an ang atong mga katungdanan. Unya, kung atong mahiuli ang grasya sa Dios, magtrabaho kita og maayo usab sa kadali, ug kining panaglibot magpadayon. Ang katong mga trabahante ng adunay mga pagbalhinbalhin sama niini dili maila nga matinumanon, bisan pa nga sila magbuhat sa ilang mga trabaho og pag-ayo.

Aron nga maangkon ang pagkamatinumanon nga giila sa Dios, kinahanglan kanatong maangkon ang espirituhanon nga pagkamatinumanon sab, kung hain nagpasabot nga kinahanglan kanatong isirkunsisyon ang atong mga kasingkasing. Apan ang pagsirkunsisyon sa atong kasingkasing mismo dili mahimong atong mga ganti. Ang pagsirkunsisyon sa kasingkasing usa ka gikinahanglan para sa mga anak sa Dios nga naluwas. Apan kung atong isalikway ang mga sala ug tumanon ang atong mga katungdanan kauban ang napabalaan nga kasingkasing, mahimo kanatong magbunga og mas daku nga bunga kaysa kung tumanon kanato sila kauban ang unodnon nga mga hunahuna. Busa, makadawat kita og mas daku nga mga ganti.

Pananglitan, kunohay nagsingot ka samtang nagboluntaryo sa iglesia sa tibuok adlaw sa Dominggo. Apan ikaw nakigbangi sa daghang ubang mga katawohan ug giguba kanimo ang kalinaw kauban sa daghang mga katawohan. Kung nagsilbi ka sa iglesia samtang nagreklamo ug adunay kayugot, mas daghan sa imong mga ganti ang kuhaon. Apan kung ikaw nagsilbi sa iglesia kauban ang kamaayo ug gugma kay anaa sa kalinaw sa uban, ang tanan kanimong trabaho mahimong kahumot nga madawat sa Dios, ug ang matag-usa sa imong mga buhat mahimong imong ganti.

Magtrabaho sumala sa kabubut-on sa agalon

Sa iglesia, kinahanglan kanatong magtrabaho sumala sa kasingkasing ug kabubut-on sa Dios. Usab, kinahanglan kanatong magmatinumanon sa pagpasugot sa atong mga lideres sumala sa sugo sulod sa iglesia. Ang Mga Proberbio 25:13 nagsulti nga, *"Ingon sa kabugnawon sa niyebe sa panahon sa ting-ani, busa mao man ang usa ka matinumanon nga sulogoon kanila nga nagasugo kaniy, kay siya nagalipay sa kalag sa iyang mga agalon."*

Bisan pa nga kita makugihon sa atong katungdanan, dili kanato matagbaw ang tinguha sa agalon kung ato lang buhaton ang atong gusto. Panaglitan, kunohay ang imong boss sa imong kompanya nagsulti kanimo nga mopabilin sa opisina kay adunay usa ka importante kaayo nga customer nga moabot. Apan aduna ka'y negosyo nga may kalabotan sa opisina sa gawas ug imo kining giatiman, apan kini nagdugay og tibuok adlaw. Bisan pa nga atua ka sa gawas para sa trabaho sa opisina, sa mata sa boss dili ka matinumanon.

Ang rason nganong wala kita nagmasinugtanon sa kabubut-on sa atong agalon mao nga kay nagsunod kita sa atong kaugalingong mga ideya o kay aduna kita'y nakasentro-sa-kaugalingon nga mga motibo. Kining klase sa tawo morag nagsilbi sa iyang agalon, apan wala siya tinuod nga nagbuhat niini kauban ang pagkamatinumanon. Siya nagsunod lang sa iyang kaugalingong mga hunahuna ug mga tinguha, ug iyang gipakita nga mahimo kaniyang mobiya sa kabubut-on sa iyang agalon sa bisan unsang higayona.

Sa Biblia mabasa kanato ang mahitungod sa usa ka tawo nga gihinganlag Joab, nga paryente ug usa ka heneral sa kasundalohan ni David. Si Joab kuyog ni David sa tanang mga peligro samtang si David gigukod ni Haring Saul. Siya adunay kaalam ug siya maisug. Iyang gidumala ang mga butang nga gustong buhaton ni David. Sa kaniadtong iyang giatake ang mga anak sa Ammon ug gikuha ang ilang siyudad, siya halos ang mibuntog niini, apan iyang gipaadto si David ug magkuha niini sa iyang kaugalingon. Wala kaniya gikuha ang himaya sa pagbuntog sa siyudad apan gipakuha kini ni David.

Iyang gisilbihan si David og pag-ayo niining paagiha, apan si

David dili kaayo komportable kaniya. Kini tungod kay siya misupak kang David kung kini personal nga makabepisyo kaniya. Si Joab wala magduhaduha nga maglihok og matinamayon sa atubangan ni David kung gusto kaniyang makab-ot ang iyang tuyo.

Pananglitan, si heneral Abner, nga usa ka kaaway ni David, miadto kang David aron mosurender kaniya. Giabi-abi siya ni David ug gipabalik. Kini tungod kay mahimong dali nga mapahupay ni David ang mga katawohan pinaagi sa pagdawat kaniya. Apan sa kini nahibaloan ni Joab sa ulahi, iyang gisunod si Abner ug gipatay kaniya. Kini tungod kay gipatay ni Abner ang igsoon nga lalaki ni Joab sa miaagi nga pakiggubat. Nakahibalo siya nga si David mabutang sa usa ka lisud nga sitwasyon kung iyang patyon si Abner, apan iyaha lang gisunod ang iyang mga emosyon.

Usab, sa kaniadtong mirebelde ang anak ni David nga si Absalom batok kang David, gihangyo ni David ang mga kasundalohan nga makig-away sa mga tawo ni Absalom nga trataron kanila sa kalooy ang iyang anak. Sa pagkadungog niining sugo, gipatay sa gihapon ni Joab si Absalom. Tingali kini tungod kay kung ilang buhion si Absalom, mahimong morebelde siyag usab, apan sa ulahi, misupak si Joab sa sugo sa hari sa iyang kaugalingong pagbulot-an.

Bisan pa nga siya miagi sa tanang lisud nga mga panahon kauban ang hari, misupak siya sa hari sa importante nga mga higayon, ug dili siya masaligan ni David. Sa katapusan, mirebelde si Joab batok kang Haring Solomon, ang anak ni David, ug gipatay. Niining panahona sab, hinonoa nga magsunod sa kabubut-on ni David, gusto kaniyang ibutang ang tawo nga iyang gihunahuna nga kinahanglan mahimong hari. Iyang gisilbihan si David sa tibuok kaniyang kinabuhi, apan imbes nga mahimong usa ka daleyegon nga nagpabilin, ang iyang kinabuhi natapos isip nga usa ka rebelde.

Kung buhaton kanato ang buluhaton sa Dios, hinonoa nga giunsa kanato kadakung tinguha nga buhaton ang buluhaton, ang mas importante nga butang mao nga kung kita ba nagsunod sa kabubut-on sa Dios. Kini walay pulos nga magmatinumanon nga nagbatok sa kabubut-on sa Dios. Kung kita nagtrabaho sa iglesia, kinahanglan sab kanatong magsunod sa atong mga lideres una kanato tugotan ang atong kaugalingong mga ideya. Niining paagiha, ang kaaway nga yawa ug si Satanas dili magdala og mga sumbong ug mahimo kanatong tanan nga mohatag og himaya sa Dios sa katapusan.

Magmatinumanon sa tibuok balay sa Dios

'Ang magmatinumanon sa tibuok balay sa Dios' nagpasabot nga magmatinumanon sa tanang mga aspeto nga adunay kalabotan sa atong mga kaugalingon. Sa iglesia, kinahanglan kanatong tumanon ang atong mga responsibilidad bisan pa nga aduna kita'y daghang mga katungdanan. Bisan pa nga wala kita'y partikular nga katungdanan sa iglesia, kini usa sa atong mga katungdanan nga motungha kung asa gikinahanglan nga kita motungha isip nga usa ka miyembro.

Dili lang sa iglesia, apan sa mga dapit sa trabaho ug eskwelahan, ang tanang tawo adunay iyang mga katungdanan. Sa tanan niining mga aspeto, kinahanglan kanatong tumanon ang atong mga katungdanan isip nga mga miyembro. Ang magmatinumanon sa tibuok balay sa Dios mao ang pagtuman sa tanan kanatong mga katungdanan sa tanan nga mga aspeto sa atong mga kinabuhi: isip nga mga anak sa Dios, isip nga mga lideres o mga miyembro sa iglesia, isip nga mga miyembro sa pamilya, isip nga mga empleyado sa kompanya, o isip nga mga estudyante o mga manunudlo sa eskwelehan. Dili lang kita kinahanglan nga magmatinumanon sa usa o duha ka mga katungdanan ug pasagdan ang ubang mga katungdanan. Kinahanglan kitang magmatinumanon sa tanang mga aspeto.

Ang usa ka tawo mahimong maghunahuna nga, 'Usa lang ang akong lawas ug unsaon man kanako magmatinumanon sa tanang dapit?' Apan sa kadakuon nga kita magbag-o ngadto sa espiritu, dili kini usa ka butang nga lisud nga magmatinumanon sa tibuok balay sa Dios. Bisan pa nga kita mamuhunan sa gamay lang nga panahon, segurado kitang makaani sa bunga kung kita magpugas sa espiritu.

Usab, ang katong nabag-o na ngadto sa espiritu dili magsunod sa ilang kaugalingong benepisyo ug kahupayan apan maghunahuna mahitungod sa benepisyo sa uban. Sila magtan-aw sa mga butang gikan sa tinindogan sa uban og una. Busa, ang ingon nga mga katawohan moatiman sa tanan kanilang mga katungdanan bisan pa kung sila magsakripisyo sa ilang mga kaugalingon. Usab, sa kadakuon kung hain makab-ot kanato ang lebel sa espiritu, ang atong kasingkasing mapuno sa kamaayo. Ug kung kita maayo dili kita mobakilid ngadto sa usa lang ka partikular nga bahin. Busa, bisan pa nga kita adunay daghang mga katungdanan, dili kanato pasagdan ang bisan unsang mga katungdanan.

Buhaton kanato ang atong pinakamaayo aron maatiman ang

tibuok kanatong palibot, nga magsulay nga mas atimanon ang uban. Unya, mabati sa mga katawohan sa atong palibot ang pagkamatinud-anon sa atong kasingkasing. Busa, dili sila mapalaw kay dili kita kanila makauban sa tanang panahon apan sila hinoon magpasamalat nga kita nag-atiman kanila.

Pananglitan, ang usa ka babaye adunay duha ka mga katungdanan, ug siya mao ang lider sa usa sa mga grupo ug miyembro lang sa usa. Nganhi, kung aduna siya'g kamaayo ug siya nagbunga sa bunga sa pagkamatinumanon, dili kaniya pasagdan ang bisan asa kanila. Dili siya mosulti nga, "ang mga miyembro sa ulahi nga grupo makasabot kanako kung dili ko makauban kanila kay ako mao ang lider sa nauna nga grupo." Kung dili siya pisikal nga makauban sa ulahi nga grupo, siya magsulay nga makatabang nianang grupoha sa ubang paagi ug diha sa kasingkasing. Sama niini, mahimo kanatong magmatinumanon sa tibuok balay sa Dios ug maangkon ang kalinaw kauban ang tanang tawo sa kadakuon nga anaa kanato ang kamaayo.

Pagkamatinumanon para sa gingharian ug pagkamatarung sa Dios

Si Jose gibaligya isip nga usa ka ulipon ngadto sa balay ni Potiphar, ang kapitan sa harianon nga bantay. Ug si Jose matinumanon kaayo ug masaligan nga gibilin ni Potiphar ang tanang trabaho sa balay niining batan-on nga ulipon ug wala manghilabot kung unsa ang iyang gibuhat. Kini tungod kay si Jose nag-atiman sa bisan unsang gamay nga mga butang sa iyang pinakamaayo, nga nag-angkon sa kasingkasing sa agalon.

Ang gingharian sa Dios nagkinahanglan sab sa daghang matinumanon nga mga trabahante sama ni Jose sa daghang mga dapit. Kung aduna ka'y piho nga katungdanan, ug imo kining matinumanon nga gituman og maayo nga ang imong lider dili na motan-aw niini gayud, unya, unsa kaha ka kadaku nga kusog para sa gingharian sa Dios!

Ang Lucas 16:10 nagsulti nga, "*Siya nga kasaligan sa gagmay kaayong butang kasaligan usab sa dagku; ug siya nga malimbungon sa gagmay kaayong butang malimbungon usab sa dagku.*" Bisan pa nga siya nagsilbi sa usa ka pisikal nga agalon, si Jose matinumanon nga nagtrabaho kauban sa iyang pagtoo sa Dios. Kini wala gitan-aw sa Dios nga walay pulos, apan hinoon gibuhat kaniya siya Jose nga primo ministro sa Ehipto.

Wala ko gayud mopagaan mahitungod sa mga buhat sa Dios. Kanunay ko nga naghalad og tibuok-nga-gabii nga mga pag-ampo bisan pa sa wala pa moabli ang iglesia, apan pagkahuman sa pag-abli sa iglesia, personal ko nga miampo gikan sa tungang gabii hangtud sa 4AM ug unya mopangulo sa kadlawon nga pag-ampo nga mga panagtagbo sa 5AM. Nianang panahona wala pa kanamo ang Daniel nga pag-ampo nga panagtagbo nga anaa karon kanamo, nga nagsugod sa 9PM. Wala kami'y bisan ubang mga pastor o mga lideres sa cell, busa kinahanglan nga ako ang mopangulo sa tanang kadlawon nga pag-ampo nga mga panagtagbo. Apan wala ko gayud molaktaw bisag usa ka adlaw.

Dugang pa, kinahanglan kanakong iandam ang mga sermon para sa Dominggo nga mga serbisyo, Miyerkules nga mga serbisyo, ug Biyernes nga tibuok-gabii nga mga serbisyo, samtang nagtambong sa teyolohikal nga seminaryo. Wala gayud kanako giduso ang akong mga katungdanan sa uban tungod lang kay gikapoy ko. Pagkahuman kanako og balik gikan sa seminaryo, giatiman kanako ang mga may sakit nga katawohan o nagbuhat og mga pagbisita sa mga miyembro. Adunay daghan kaayong mga may sakit nga katawohan nga migikan sa tibuok nasud. Akong gibutang ang tibuok kanakong kasingkasing sa matag higayon nga nagbuhat ko og pagbisita sa usa ka miyembro sa iglesia aron nga espirituhanon nga silbihan sila.

Nianang panahona, ang pipila ka mga estudyante kinahanglan nga mosakay sa bus sa kaduha o katulo ka beses aron moadto sa iglesia. Karon, aduna kami'y mga bus sa iglesia, apan nianang panahona wala pa. Busa, gusto kanako ang mga estudyante nga makaabot sa iglesia nga dili na magkabalaka mahitungod sa mga pleti sa bus. Misunod ko sa mga estudyante pagkahuman sa pagsimba nga mga serbisyo ngadto sa hunongan sa bus ug gihatagan sila sa mga token sa bus o mga tiket sa paghatod kanila. Mihatag ko kanila sab og igo nga mga token aron adunay silay igo inig adto kanila sa sunod nga iglesia. Ang gidaghanon sa mga paghalad para sa iglesia mga pipila lang sa napulo ka mga dolyares, ug dili kini masarangan sa iglesia. Mihatag ko kanila sa mga pleti sa bus sa akong kaugalingong tinigom.

Kung adunay usa ka tawo nga magrehistro, gihunahuna kanako ang matag usa kanila isip nga bilihon nga bahandi, busa miampo ko para kanila ug gisilbihan sila kauban ang gugma nga dili mawala ang bisan kinsa kanila. Tungod niining rasona nianang panahona wala sa mga katawohan nga mirehistro ang mibiya sa iglesia. Natural lang nga, ang iglesia nagpadayon sa pagtubo. Karon nga ang iglesia aduna na'y daghang mga miyembro, nagpasabot ba kana nga ang akong pagkamatinumanon nabugnaw na? Dili gayud! Ang akong kadasig alang sa mga kalag wala gayud nabugnaw?

Karon, aduna kami'y sobra sa 10,000 ka mga sanga nga iglesia sa tibuok kalibutan sama nga daghan kaayong mga pastor, mga ansiyano, mga senyor nga deyakono, ug mga lideres sa mga distrito, mga sub-nga-distrito, ug mga cell nga grupo. Ug unya, ang akong mga pag-ampo ug gugma alang sa mga kalag nagtubo lang nga mas labaw nga mainiton.

Aduna ba'y higayon nga ang imong pagkamatinumanon sa Dios nabugnaw? Aduna ba'y bisan kinsa kaninyo nga sa una adunay gihatag-sa-Dios nga mga katungdanan, apan wala na'y bisan unsang katungdanan karon? Kung aduna kay sama ng katungdanan karon sumala sa miagi, ang imo bang kadasig para sa katungdanan nabugnaw? Kung aduna kita'y tinuod nga pagtoo, ang atong pagkamatinumanon modugang lang sa atong pagkahamtong sa atong pagtoo, ug kita matinumanon sa Ginoo aron nga matuman ang gingharian sa Dios ug aron nga maluwas ang daghang mga kalag. Busa, modawat kita og daku kaayo nga bilihon nga mga ganti sa ulahi sa Langit!

Kung gusto lang sa Dios ang pagkamatinumanon sa buhat, dili kinahanglan Kaniya nga magbuhat sa katawohan, kay adunay dili-maihap nga langitnong panon ug mga anghel nga nagsunod og maayo. Apan dili gusto sa Dios ang usa ka tawo nga walay kondisyon nga nagmasinugtanon, nga morag robot. Gusto kaniya ang mga anak nga magmatinumanon kauban ang ilang gugma para sa Dios nga nahamabaw gumikan sa giladmon sa ilang mga kasingkasing.

Ang Mga Salmo 101:6 nagsulti nga, *"Ang Akong mga mata*

magatan-aw sa mga matinumanon sa yuta, aron sila managpuyo uban Kanako; siya nga magalakaw sa dalan sa pagkahingpit, siya magaalagad Kanako." Ang katong mosalikway sa tanang mga porma sa dautan ug magmatinumanon sa tibuok balay sa Dios modawat sa panalangin nga makasulod sa Bag-ong Herusalem, kung hain mao ang pinakamaanyag nga puy-anan sa Langit. Busa, naglaum ko nga mahimo kamong mga trabahante nga sama sa mga haligi sa gingharian sa Dios ug pangalipayan ang dungog sa pagpuyo'g duol sa trono sa Dios.

Mateo 11:29

"Isangon ninyo ang Akong yugo diha kaninyo ug pagtuon kamo gikan Kanako; kay Ako maaghop ug mapaubsanon sa kasingkasing, ug makakaplag kamog pahulay alang sa inyong mga kalag."

Nga sa Maong mga Butang Walay Kasugoan nga Kabatok

Kapitulo 9

Kaaghop

Kaaghop aron madawat ang daghang mga katawohan
Espirituhanon nga kaaghop nga giubanan sa pagkamanggihatagon
Mga kinaiya sa katong nagbunga sa bunga sa kaaghop
Aron mabunga ang bunga sa kaaghop
Magpaugmad sa maayo nga yuta
Ang mga panalangin sa maaghop

Kaaghop

Kahitangala nga daghang mga katawohan ang nagkabalaka mahitungod sa pagkainiton og ulo, depresyon, o mahitungod sa ilang mga kinaiya nga sobra ka makakinaugalingon o sobra ka kabalaka sa ubang katawohan. Ang pipila ka mga katawohan gipahinungod lang ang tanang butang sa ilang mga personalidad kung ang mga butang dili mopadulong sa ilang gusto, nga nagsulti nga, "Dili kanako kini matabangan, mao kini ang akong personalidad." Apan ang Dios ang mibuhat sa tawo, ug kini dili lisud para sa Dios nga pabag-ohon ang mga personalidad sa tawo kauban ang Iyang kagahum.

Si Moses sa kausa mipatay og usa ka tawo tungod sa iyang kasuko, apan siya gipabag-o pinaagi sa gahum sa Dios sa kadakuon nga siya giila sa Dios isip nga pinakamapainubsanon ug labing maaghop nga tawo sa ibabaw sa yuta. Ang apostol nga si Juan adunay angga nga 'anak sa dalugdog', apan siya gipabag-o pinaagi sa gahum sa Dios ug giila isip nga 'ang mapuanguron nga apostol'.

Kung sila adunay kabubut-on nga mosalikway sa dautan ug modaro sa ilang kasingkasing-nga-mga-uma, bisan pa ang katong adunay mainiton nga mga ulo, ang katong mapangandakan, ug ang katong maako-akohon ang mahimong mapabag-o ug mapaugmad ang mga kinaiya sa kaaghop.

Kaaghop aron madawat ang daghang mga katawohan

Sa diksyonaryo ang kaaghop mao ang kalidad o estado sa kamaaghop, kahumok, kalumo, o mahinay. Ang katong maulawon o 'maulawong dili-makasosyal' sa kinaiya, o ang katong dili makalitok sa ilang mga kaugalingon morag tan-awon nga maaghop. Ang katong inosente o ang katong dili gayud masuko tungod sa ubos nga intelektuwal nga lebel mahimong tan-awon nga maaghop sa mga mata sa kalibutanon nga mga katawohan.

Apan ang espirituhanon nga kaaghop dili lang ang pagkamahinay ug humok nga kalumo. Kini mao ang pag-angkon og kaalam ug abilidad aron makaila taliwala sa husto ug sayop, ug sa samang panahon aron nga mahimong masabtan ug madawat ang tanang tawo tungod diha kanila walay dautan. Kana mao nga, ang espirituhanon nga kaaghop mao ang pag-angkon og pagkamanggihinatagon inubanan sa usa ka mahinay ug mahumok nga kinaiya. Kung aduna ka niining mahiyason nga pagkamanggihinatagon, dili ka lang magmahinay sa tanang higayon, apan aduna sab kang ulin nga dignidad kung kinahanglan.

Ang kasingkasing sa maaghop nga tawo sama kahumok sa gapas. Kung molabay ka og usa ka bato sa gapas o tuslukon kini gamit ang usa ka dagom, ang gapas motabon lang ug mogakus sa butang. Sama niini, bisan unsaon pa sa mga katawohan og tratar kanila, ang katong espirituhanon nga maaghop dili moangkon og malisud nga mga pagbati sa ilang mga kasingkasing ngadto kanila. Kana mao nga, dili sila masuko o makasinati og kahasol, ug sila dila makahinungdan og kahasol sa uban, sab.

Dili sila mohukom o mokondena apan masabtonon ug madawaton. Ang mga katawohan mobati og kahupay gikan sa ingon nga mga katawohan, ug daghang mga katawohan ang mahimong moadto ug makaplagan ang pahulay sa katong mga maaghop. Kini morag usa ka daku nga kahoy nga daghang mga sanga kung hain ang mga langgam makaadto, mosalag, ug magpahulay sa mga sanga.

Si Moises usa sa mga tawo nga giila sa Dios sa iyang kaaghop. Ang Numeros 12:3 nagsulti nga, *"Karon ang tawo nga si Moises mapinaubsanon kaayo, labaw kay sa tanang mga tawo sa ibabaw sa yuta."* Sa panahon sa Exodo ang gidaghanon sa mga anak sa Israel labaw sa 600,000 kahamtong nga mga lalaki. Apil ang mga babaye ug mga bata kini unta mas sobra sa 2 ka milyon. Ang pagdala mismo sa ingon nga daku nga gidaghanon sa mga katawohan lisud kaayo nga buluhaton para sa usa ka ordinaryo nga tawo.

Kini mas labi na para sa niining mga katawohan nga adunay gipagahi nga mga kasingkasing isip nga mga kanhi nga ulipon sa Ehipto. Kung kasagaran ka nga gibunalan, madungog ang mahugaw ug abusado nga mga lengguwahe, ug magbuhat sa trabahoso nga buhat sa mga ulipon, ang imong kasingkasing mahimong bagis ug gipagahi. Niining kondisyon, dili kini sayon nga ikudlit ang bisan unsang grasya sa ilang mga kasingkasing o para kanila nga mahimong higugmaon ang Dios gikan sa kasingkasing. Mao kana nga ang mga katawohan misupak sa Dios sa matag panahon bisan pa nga si Moises mipakita kanila og ingon nga dakung kagahum.

Inig pangatubang og bisan gamay lang nga kalisud sa ilang mga sitwasyon, dali ra kaayo kanila nga magreklamo ug motindog batok kang Moises. Sa pagkakita lang sa katinuoran nga si Moises midala sa ingon nga mga katawohan sa kamingawan alang sa 40 ka tuig, atuang masabtan kung unsa ka espirituhanon nga kamaaghop si Moises. Kining kasingkasing ni Moises mao ang espirituhanon nga kaaghop, kung hain mao ang usa sa mga bunga sa Espiritu Santo.

Espirituhanon nga kaaghop nga giubanan sa pagkamanggihatagon

Apan aduna ba'y bisan kinsa nga naghunahuna sa usa ka butang nga morag pareho sa masunod, 'Dili ko masuko, ug ako naghunahuna nga mas maaghop ko kaysa uban, apan wala gayud ko nagdawat sa mga tubag sa akong pag-ampo. Dili sab gayud kanako madungog ang tingog sa Espiritu Santo og maaayo'? Unya, kinahanglan kanimong masusi kung ang imong kaaghop unodnon ba o dili? Ang mga katawohan mahimong mosulti nga maaghop ka kung tan-awon ka nga mahinay ug kalma, apan kini unodnon lang nga kaaghop.

Ang unsa'y gusto sa Dios mao ang espirituhanon nga kaaghop. Ang espirituhanon nga kaaghop dili lang ang maaghop ug mahinay apan kini kinahanglan nga ubanan sa mahiyason nga pagkamanggihatagon. Kauban sa kaaghop sa kasingkasing, kinahanglan aduna sab ka og kalidad sa mahiyason nga pagkamanggihatagon nga makita sa gawas aron nga makumpleto og pagpaugmad ang espirituhanon nga kaaghop. Kini sama kaayo sa usa ka tawo nga adunay maayo kaayo nga kinaiya nga nagsul-ob og ilisan nga nagtangkod sa iyang kinaiya. Bisan pa nga ang usa ka tawo adunay maayo nga kinaiya, kung siya molakaw sa palibot nga walay bisti, ang iyang pagkahubo sa iyang kaulaw. Sama niini, ang kaaghop nga walay mahiyason nga pagkamanggihatagon dili hingpit.

Ang mahiyason nga pagkamanggihatagon morag bisti nga magpasidlak sa kaaghop, apan kini lahi gikan sa mabalaodnon o salingkapaw nga mga lihok. Kung ang pagkabalaan wala diha sa imong kasingkasing, dili kini masulti nga aduna ka'y mahiyason nga pagkamanggihatagon tungod lang kay aduna ka'y maayo nga gawasnon nga mga buhat. Kung lagmit ka nga mopadalong sa pagpakita og angay nga mga lihok kaysa pagpaugmad sa imong kasingkasing, lagmit ka nga moundang sa pag-amgo sa imong mga kakulangan ug sayop nga maghunahuna nga nakab-ot kanimo ang espirituhanon nga pagtubo sa daku nga gidak-on.

Apan bisan niining kalibutan, ang mga katawohan nga aduna lang og gawasnon nga mga panagway nga walay maayo nga mga personalidad dili makaangkon sa mga kasingkasing sa uban. Sa pagtoo, sab, ang pagtutok sa gawasnon nga mga buhat nga dili magpaugmad sa sulod nga kaanyag walay pulos.

Pananglitan, ang pipila ka mga katawohan molihok ug, apan sila maghukom og magpaubos sa uban nga wala maglihok sama kanila. Mahimo sab tarung sila nga mopugos sa ilang kaugalingong mga sukdanan sa pagpakig-angot kauban ang uban nga naghunahuna nga, 'Mao kini ang husto nga paagi, busa nganong dili man kini kanila buhaton niining paagiha?' Mahimo silang magsulti og maayo nga mga pulong kung sila maghatag og mga tambag, apan sila mohukom sa uban sa ilang mga kasingkasing, ug sila magsulti sulod sa ilang kinaugalingong-pagkamatarung ug dili maayo nga mga pagbati. Ang mga katawohan dili makakaplag og pahulay niining mga tawhana. Sila masakitan lang ug maluya, busa dili sila gustong magpabilin nga duol niining mga tawhana.

Ang pipila ka mga katawohan masuko sab ug maglagot sulod sa ilang kinaugalingong-pagkamatarung ug dautan. Apan sila magsulti lang nga sila adunay 'matarung nga kasuko' ug kini para sa ikaayo sa uban. Apan ang katong adunay mahiyason nga pagkamanggihatagon dili mawala ang kalinaw sa hunahuna sa bisan unsang sitwasyon.

Kung tinuod nga gusto kanimong hingpit nga mabunga ang mga bunga sa Espiritu Santo, dili lang kanimo matabunan ang dautan diha sa imong kasingkasing sa imong gawasnon nga mga panagway. Kung buhaton kini kanimo, kini usa lang ka pakita para sa ubang mga katawohan. Kinahanglan kanimong usisaon ang imong kaugalingon og balik-balik sa tanang butang ug pilion ang paagi nga kamaayo.

Mga kinaiya sa katong nagbunga sa bunga sa kaaghop

Kung makita sa mga katawohan ang katong maaghop ug adunay halapad nga mga kasingkasing, sila mosulti nga ang mga kasingkasing niining mga tawhana morag usa ka dagat. Ang dagat modawat sa tanang nahugawan nga mga tubig gikan sa mga sapa ug mga suba ug nagputli kanila. Kung kita magpaugmad sa usa ka halapad ug maaghop nga kasingkasing sama sa dagat, madala kanato bisan pa ang gimantsahan-sa-sala nga mga kalag ngadto sa dalan sa kaluwasan.

Kung aduna kita'y pagkamanggihatagon sa gawas kauban ang kaaghop sa sulod, maangkon kanato ang mga kasingkasing sa daghang mga katawohan, ug kita makatuman sa daghang daku nga mga butang. Karon, tugoti ko nga maghatag kaninyo og mga pananglit sa mga kinaiya sa katong nagbunga sa bunga sa kaaghop.

Una, sila maligdong ug maigo-igoon sa ilang mga lihok.

Ang katong makita nga mahinay sa ilang temperamento apan sa aktuwal maduhaduhaon dili makadawat sa uban. Sila ipaubos ug gamiton sa uban. Sa kasaysayan, ang pipila ka mga hari maaghop sa kinaiya apan walay mahiyason nga pagkamanggihatagon, busa ang nasud dili istable. Sa ulahi sa kasaysayan ang mga katawohan nagsusi kaniya isip nga usa ka maaghop nga tawo apan walay katakos ug maduhaduhaon.

Sa pikas nga bahin, ang pipila ka mga hari adunay mainit ug mahinay nga mga kinaiya kauban ang kaalam nga adunay kaligdong. Sa ilalom sa pagdumala sa ingon nga mga hari, ang nasud naistable ug ang mga katawohan adunay kalinaw. Sama niini, ang katong adunay pareho nga kaaghop ug mahiyason nga pagkamanggihatagon adunay tarung nga sukdanan sa paghukom. Ilang buhaton ang kung unsay matarung pinaagi sa pag-aninag sa husto ug sa sayop og tarung.

Sa katong gipaputli ni Hesus ang Templo ug gibadlong ang pagkamaot sa mga Pariseo ug mga eskriba, Siya lig-on kaayo ug ulin. Siya adunay maaghop nga kasingkasing aron nga dili 'mobali bisan sa bagakay nga nabasag na ni mopalong bisan sa pabilo nga nagakapid-ok na', apan sa gihapon Iyang dahol nga gibadlong ang mga katawohan kung Iya kining gikinahanglan. Kung aduna ka'y ingon nga kaligdong ug pagkamatarung diha sa kasingkasing, ang mga tawo dili mahimong mopaubos kanimo bisan pa nga dili gayud kanimo padakuon ang imong tingog ni sulayan nga mahimong ulin.

Ang gawasnon nga panagway naangot sab sa pag-angkon sa mga gawi sa Ginoo ug ang hingpit nga mga buhat sa lawas. Ang katong mahiyason adunay kaligdong, kagahum ug kamahinungdanon sa ilang mga pulong; dili sila walay-pagtagad nga magsulti og walay pulos nga mga pulong. Sila magsul-ob og angay nga mga bisti para sa matag okasyon. Sila adunay mahinay nga mga ekspresyon sa nawong, apan dili brusko o mabugnaw nga mga nawong.

Pananglitan, kunohay ang usa ka tawo adunay mahugaw nga buhok ug mga bisti, ug ang iyang hitsura walay kaligdong. Kunohay siya sab gustong mag-istorya og mga komedya ug magsulti mahitungod sa walay pulos nga mga butang. Kini tingali lisud kaayo para sa ingon nga tawo nga makuha ang pagsalig ug respeto gikan sa uban. Ang uban nga mga katawohan dili gustong modawat ug gakson kaniya.

Kung si Hesus nagpanistis sa tanang higayon, ang Iyang mga disipolo tingali mosulay og komedya kauban Kaniya. Busa, kung si Hesus magtudlo kanila og usa ka butang nga lisud, tingali molalis sila dayon o mopugos sa ilang kaugalingong mga opinyon. Apan dili sila mangahas nga buhaton kana. Bisan pa ang katong mianha Kaniya aron molalis dili tinuod nga makalalis Kaniya tungod sa Iyang kaligdong. Ang mga pulong ug mga lihok ni Hesus kanunay nga adunay kabug-at ug kaligdong, busa ang mga katawohan dili lang maghunahuna Kaniya og gaan.

Lagi, usahay ang superyor sa herarkiya mahimong magkomedya sa iyang mga sakop aron nga mopagaan sa ilang mga modo. Apan kung ang mga sakop magkomedya og dungan nga nagbinastos, kini nagpasabot nga sila dili tarung nga nakasayod. Apan kung ang mga lideres dili matarung, ug magpakita og malinga nga mga panagway, dili sila makaangkon sa pagsalig gikan sa uban, sab. Hilabi na, ang mga taas-og-ranggo nga senyor nga mga opisyales sa usa ka kompanya kinahanglan adunay matarung nga mga gawi, pamaagi sa pagsulti, ug mga binatasan.

Ang usa ka superyor sa organisasyon mahimong magsulti og madungganon nga lengguwahe ug matinahuron nga molihok sa atubangan sa iyang mga sakop, apan usahay, kung ang usa sa iyang mga sakop nagpakita og sobra nga pagtahod, kining superyor mahimong magsulti sa ordinaryo nga lengguwahe, dili sa madungganon nga mga porma, aron nga ibutang ang iyang sakop sa kasayon. Niining sitwasyon, ang dili sobra ka matinahuron mahimong magpabati sa iyang sakop sa kasayon ug mas sayon nga moabli sa iyang kasingkasing niining paagiha. Apan tungod lang kay ang superyor nagbutang sa iyang sakop sa kasayon, ang mas ubos nga ranggo nga mga katawohan kinahanglan dili magpaubos sa ilang mga superyor, molalis kanila, o mosupak kanila.

Ang Mga Taga-Roma 15:2 nagsulti nga, *"Ang matag-usa kanato kinahanglan magapahimuot sa iyang silingan alang sa kaayohan niini niya, aron sa paglig-on kaniya."* Ang Mga Taga-Filipos 4:8 nagsulti nga, *"Sa katapusan, mga igsoon, bisan unsang butang tinuod, bisan unsang butang dungganan, bisan unsang butang matarung, bisan unsang butang ulay, bisan unsang butang hiligugmaon, bisan unsay butang maayong pamation, kon aduna may kahalangdon, kon aduna may pagkadalaygon, palandunga ninyo kining mga butanga."* Sama niini, ang katong mahiyason ug manggihatagon mobuhat sa tanang butang kauban ang katarung, ug sila sab adunay konsiderasyon nga mopabati sa mga katawohan og kahupay.

Sunod, ang maaghop magpakita sa mga lihok sa kalooy ug kalolot kay nag-angkon og halapad nga kasingkaisng.

Sila dili lang motabang sa katong anaay kinahanglan sa pinansyal apan ang katong espirituhanon nga gikapoy ug maluya pinaagi sa pagpahupay kanila ug pagpakita kanila og grasya. Apan bisan pa nga aduna sila'y kaaghop diha kanila, kung ang kaaghop mopabilin lang diha sa ilang kasingkasing, kini lisud nga mopagula sa kaamyon ni Kristo.

Pananglitan, kunohay adunay usa ka tumuluo nga nag-antos gikan sa mga paglutos sa iyang pagtoo. Kung ang mga lideres sa iglesia sa palibot kaniya makahibalo niini, sila mobati og kalolot kaniya ug moampo para kaniya. Sila mao ang mga lideres nga mobati lang og kalolot diha sa ilang kasingkasing. Sa pikas nga bahin, ang pipila ka uban nga mga lideres personal nga moawhag ug mopahupay kaniya ug motabang sab kaniya sa mga buhat ug lihok sumala sa sitwasyon. Sila mopalig-on kaniya aron matabangan siya nga makabuntog kauban ang pagtoo.

Busa, sa pag-angkon lang sa konsiderasyon diha sa kasingkasing ug ang pagpakita sa aktuwal nga mga buhat lahi kaayo para nianang tawhana nga miagi sa usa ka problema. Kung ang kaaghop nagpakita sa gawas isip nga manggihatagon nga mga buhat, kini makahatag og grasya ug kinabuhi sa uban. Busa, kung ang Biblia mosulti nga, 'ang maaghop ang magapanunod sa yuta' (Mateo 5:5), kini adunay usa ka duol nga relasyon sa pagkamatinumanon nga nagpakita isip nga resulta sa mahiyason nga pagkamanggihatagon. Ang pagpanunod sa yuta naangot sa langitnon nga mga ganti. Sa kasagaran, ang pagdawat og langitnon nga mga ganti adunay relasyon sa pagkamatinumanon. Kung modawat ka og usa ka plake sa pagpasalamat, merito sa kadungganan, o usa ka ganti para sa pag-ebanghelyo gikan sa iglesia, kini usa ka resulta sa imong pagkamatinumanon.

Sama niini, ang maaghop modawat sa mga panalangin, apan kini dili lang gikan sa maaghop nga kasingkasing sa iyang kaugalingon. Kung ang kanang maaghop nga kasingkasing malitok kauban ang mahiyason ug manggihatagon nga mga buhat, sila magbunga sa bunga sa pagkamatinumanon. Sila unya magadawat sa mga ganti isip nga salangpotan niini. Kana mao nga, kung dawaton kanimo ug gakson ang daghang mga kalag kauban ang pagkamanggihatagon, magpahupay kanila ug moawhag kanila ug mohatag kanila og kinabuhi, mapanunod kanimo ang yuta sa Langit pinaagi sa ingon nga mga buhat.

Aron mabunga ang bunga sa kaaghop

Karon, unsaon man kanato pagbunga sa bunga sa kaaghop? Sa tino nga pagsulti, kinahanglan kanatong ipaugmad ang atong kasingkasing ngadto sa maayo nga yuta.

Ug iyang gisuginlan sila sa daghang mga butang pinaagig mga sambingay nga miingon: "Usa ka magpupugas miadto aron sa pagsabod ug binhi; ug sa nagsabod siya, may mga binhi nga diha mahulog sa daplin sa dalan, ug midugok ang mga langgam ug ilang gituka kini. Ang ubang mga binhi diha mahulog sa kabatoan diin dili daghan ang yuta;, ug kini migitib dayon sanglit kini wala may giladmon diha sa yuta. Apan sa pagsubang sa Adlaw, kini nalawos; ug kay wala may gamut, kini nalaya. Ug may uban pang mga binhi nga diha mahulog sa kasampinitan, ug ang mga sampinit mitubo ug milumos niini. Ug ang ubang mga binhi diha mahulog sa maayong yuta ug kini namunga, may namungag usa ka gatus ka pilo, ang uban kanoman, ug ang uban katloan" (Mateo 13:3-8).

Sa Mateo Kapitulo 13, ang atong kasingkasing nahisama sa upat ka nagkalainlain nga mga klase sa mga yuta. Kini mahimong makategorya ngadto sa daplin sa dalan, sa kabatoan, sa kasampinitan, ug sa maayong yuta.

Ang yuta nga kasingkasing nga nahisama sa daplin sa dalan kinahanglan nga maguba sa iyang kinaugalingong-pagkamatarung ug maako-akohon nga mga gambalay.

Ang daplin sa dalin gitumban sa mga katawohan ug gipagahi, busa ang mga binhi dili mapugas niini. Ang mga binhi dili makagamot ug tukaon sa mga langgam. Ang katong adunay ingon nga mga kasingkasing adunay sukihan nga mga hunahuna. Sila dili moabli sa ilang kasingkasing sa kamatuoran, busa sila dili makatagbo sa Dios ni maangkon ang pagtoo.

Ang ilang kaugalingong kahibalo ug bilihon nga mga sistema hugot kaayo nga gipatimgas nga dili sila makadawat sa Pulong sa Dios. Sila hugot nga nagtoo nga sila husto. Aron nga maguba kanila ang ilang kinaugalingong-pagkamatarung ug mga gambalay, kinahanglan nga bungkagon kanila og una ang dautan diha sa ilang kasingkasing. Lisud kini nga gub-on ang kinaugalingong-pagkamatarung ug mga gambalay kung ang usa mopabilin sa garbo, pagkamapahitas-on, pagkasukihan, ug mga kabakakan. Ang ingon nga kadautan makahinungdan sa tawo nga moangkon og unodnon nga mga hunahuna nga nagpugong kanila sa pagtoo sa Pulong sa Dios.

Pananglitan, ang katong nagtipon og mga kabakakan diha sa ilang mga hunahuna dili makapugong sa pagduhaduha bisan pa nga ang uban nagsulti sa tinuod. Ang Mga Taga-Roma 8:7 nagsulti nga, *"kay kaaway sa Dios ang panghunahuna nga alang sa unod; kini nagadumili sa pagpailalum sa kasugoan sa Dios, sa pagkatinuod dili kini makahimo sa pagpailalum niini."* Sumala sa gisulat, dili sila makasulti og 'Amen' sa Pulong sa Dios ni mosunod niini.

Ang pipila ka mga katawohan sukihan kaayo sa sinugdanan, apan sa dihang madawat kanila ang grasya ug ang ilang mga hunahuna mabag-o, sila mahimong madilaabon kaayo sa ilang pagtoo. Mao kini ang kaso kung asa sila adunay magahi nga gawasnon nga mga hunahuna apan mahumok ug maaghop mga kasingkasing sa sulod. Apan ang daplin sa dalan nga mga katawohan lahi gikan niining mga tawhana. Ang ila mao ang kaso kung asa ang ilang mga kasingkasing sa sulod gipagahi sab. Ang kasingkasing nga gipagahi sa gawas apan maaghop sa sulod mahimong mahisama sa usa ka manipis nga pligo sa ice samtang ang daplin sa dalan mahimong mahisama sa usa ka linaw sa tubig nga mikaging sa ubos.

Kay ang morag daplin sa dalan nga kasingkasing gipagahi kauban sa mga kabakakan ug dautan sa taas kaayo nga panahon, kini dili sayon nga gub-on sa mubo nga yugto sa panahon. Ang usa ka tawo kinahanglan padayon sa pagguba niini og balik-balik aron nga mapaugmad kini. Sa matag higayon nga ang Pulong sa Dios dili mouyon sa ilang mga hunahuna, kinahanglan kanilang maghunahuna kung tinuod ba nga ang ilang mga hunahuna husto.

Usab, kinahanglan kanilang magtipon og mga buhat sa kamaayo aron nga mahatagan sila og grasya sa Dios.

Usahay, ang pipila ka mga katawohan mohangyo kanako nga moampo para kanila aron nga sila makaangkon og pagtoo. Lagi, kini usa ka hinugon nga dili sila makaangkon og pagtoo bisan pa pagkahuman og pagsaksi sa kagahum sa Dios ug sa kadaghan kaayo nga pagpaminaw sa Pulong sa Dios, apan kini sa gihapon mas maayo kaysa dili gayud mosulay. Sa kaso sa morag daplin sa dalan nga mga kasingkasing, ang ilang mga miyembro sa pamilya ug mga lideres sa iglesia kinahanglan nga mag-ampo para kanila ug magadala kanila, apan kini importante nga sila sab adunay ilang kaugalingong mga paningkamot. Unya, sa usa ka piho nga punto sa panahon, ang binhi sa Pulong magsugod og turok diha sa ilang mga kasingkasing.

Ang kasingkasing nga nahisama sa kabatoan kinahanglan nga isalikway ang gugma para sa kalibutan.

Kung mopugas ka og mga binhi sa kabatoan, sila moturok apan dili motubo og maayo tungod sa mga bato. Sa samang paagi, ang katong adunay kasingkasing sa kabatoan sa madali mahagbong inig kaabot sa mga pagsulay, mga paglutos, o mga tentasyon.

Inig kadawat kanila sa grasya sa Dios, mobati sila nga morag gusto gayud kanila nga mosulay nga mabuhi pinaagi sa Pulong sa Dios. Mahimo sab gani kanilang masinati ang madilaabon nga mga buhat sa Espiritu Santo. Kana mao nga masulti nga, ang binhi sa Pulong nahulog sa ilang kasingkasing ug mitigib. Apan, bisan pagkahuman og pagdawat sa grasya, sila adunay nagkasumpaki nga mga hunahuna nga motuhaw kung sila hana na nga moadto sa iglesia sa mosunod nga Dominggo. Sila piho nga nakasinati sa Espiritu Santo, apan nagsugod sila og pagduhaduha nga mobati nga kini morag usa ka klase sa higayon sa emosyonal nga kahinam. Sila adunay mga hunahuna nga nagpaduhaduha kanila, ug sila nagsira sa pultahan sa ilang kasingkasing og usab.

Para sa uban ang kasumpakian mahimo nga dili sila tinuod nga makaundang sa ilang mga hilig o ubang mga kalingawan nga ilang naanaran nga pangalipayan, ug sila wala nagpabilin sa Adlaw sa Ginoo. Kung sila gilutos sa ilang mga miyembro sa pamilya o sa ilang mga boss sa trabaho samtang sila nagdala og usa ka napuno-sa-Espiritu nga kinabuhi sa pagtoo, sila moundang og simba sa iglesia. Daku silang nagdawat sa grasya ug morag nagdala og usa ka mainiton nga kinabuhi sa pagtoo sa pipila ka mga panahon, apan kung sila adunay problema sa ubang mga tumuluo sa iglesia, mahimo silang mahiubos ug sila sa dili madugay mobiya sa iglesia.

Unya, unsa man ang rason nganong ang binhi sa Pulong dili mogamot? Kini tungod sa 'mga bato' nga gibutang diha sa kasingkasing. Ang unod sa kasingkasing simboliko nga girepresentar pinaagi sa 'mga bato' ug mao kini ang mga kabakakan nga nagpugong kanila sa pagsunod sa Pulong. Apil sa daghang kabakakan nga butang, mao kini ang katong gahi kaayo nga ilang mapaundang ang binhi sa Pulong nga makagamot. Mas hilabi na, kini mao ang unod sa kasingkasing nga nahigugma niining kalibutan.

Kung sila nahigugma sa pipila ka porma sa kalibutanon nga kalingawan, kini lisud para kanila nga ipabilin ang Pulong nga nagsulti kanila nga, "Ipabalaan ang adlaw sa igpapahulay." Usab, ang katong adunay bato sa kalaog sa ilang kasingkasing dili mosimba sa iglesia kay sila nagdumot sa paghatag sa ikapulo ug mga paghalad sa Dios. Ang pipila ka mga katawohan adunay mga bato sa pagdumot diha sa ilang mga kasingkasing, busa ang pulong sa gugma dili makagamot.

Apil sa katong nagsimba og maayo sa iglesia, adunay pipila nga nag-angkon sa kasingkasing sa kabatoan. Pananglitan, bisan pa nga sila gipanganak ug gipadaku sa mga pamilya nga Kristohanon ug ilang natun-an ang Pulong gikan sa pagkabata, sila wala nabuhi pinaagi sa Pulong. Sila nakasinati sa Espiritu Santo ug usahay nakadawat sab og grasya, apan wala kanila gisalikway ang ilang gugma para sa kalibutan. Samtang sila naminaw sa Pulong, sila naghunahuna sa ilang mga kaugalingon nga unta sila dili magkabuhi sama sa ilang gikabuhian karon, apan sa ilang pagpauli sila mobalik usab sa kalibutan. Sila nabuhi sa ilang mga kinabuhi nga nag-ambihas sa koral nga ang usa ka tiil anaa sa pikas nga bahin sa Dios ug ang usa pa ka tiil anaa sa pikas nga bahin sa kalibutan. Tungod sa Pulong nga ilang nadungog sila dili mobiya sa Dios, apan sa gihapon sila adunay daghang mga bato diha sa ilang mga kasingkasing nga nagbabag sa Pulong sa Dios aron makagamot.

Usab, ang pipila ka kabatoan katipik lang ang adunay bato. Pananglitan, ang pipila ka mga katawohan matinumanon nga walay pagbag-o sa hunahuna. Sila sab nagbunga sa pipila ka mga bunga. Apan sila adunay kadumot diha sa ilang kasingkasing, ug sila adunay mga kasumpakian sa uban sa matag butang. Sila sab naghukom ug nagkondena, busa nagguba sa kalinaw bisan asa. Para niining rasona, pagkahuman sa daghang mga tuig, sila wala nagbunga sa bunga sa gugma o sa bunga sa kaaghop. Ang uban adunay maaghop ug maayong mga kasingkasing. Sila mahunahunaon sa uban, apan sila dili matinumanon. Sayon ra kanila nga moguba sa mga saad ug iresponsable sa daghang mga aspeto. Busa, kinahanglan kanilang ipalambo ang ilang mga kakulangan aron madaro ang ilang kasingkasing-nga-uma ngadto sa maayo nga yuta.

Karon, unsa man ang atong buhaton aron madaro ang kabatoan?

Una, kinahanglan kanatong makugihon nga mosunod sa Pulong. Ang piho nga tumuluo nagsulay nga matuman ang iyang mga katungdanan sa pagkamasinugtanon sa Pulong nga nagsulti kanato nga magmatinumanon. Apan dili kini sayon sumala sa iyang gihunahuna.

Sa kaniadtong siya usa lang ka layko nga miyembro sa iglesia nga walay titulo o posisyon, ang uban nga mga miyembro misilbi kaniya. Apan karon sa iyang posisyon kinahanglan kaniyang mosilbi sa ubang layko nga mga miyembro. Mahimo nga siya nagsulay og pag-ayo, apan siya adunay malisud nga mga pagbati kung siya magtrabaho kauban ang usa ka tawo nga dili gayud naguyon sa iyang mga pamaagi. Ang iyang mangil-ad nga mga pagbati ingon sa kasuko ug kainit sa ulo migula gikan sa iyang kasingkasing. Anam-anam kaniyang mawala ang kapuno sa Espiritu, ug siya gani naghunahuna nga mobiya sa iyang katungdanan.

Unya, kining mangil-ad nga mga pagbati mao ang mga bato nga kinahanglan nga iyang isalikway gikan sa iyang kasingkasing-nga-uma. Kining mangil-ad nga mga pagbati ang nakuha gikan sa daku nga bato nga gitawag 'kadumot'. Kung magsulay siya nga mosunod sa Pulong, 'magmatinumanon', siya karon mangatubang sa bato nga gitawag 'kadumot'. Sa iyang pagkakita niini, kinahanglan kaniyang atakihon kining bato nga gitawag 'kadumot' ug ibton kini. Mao lang unya kaniya mahimong makasunod sa Pulong nga nagsulti kanato nga maghigugma ug mag-angkon og kalinaw. Usab, kinahanglan dili siya moundang kay kini lisud lang, apan kinahanglan kaniyang mogunit sa iyang katungdanan og mas hugot ug tumanon kini og mas mabination. Niining paagi, mahimo siyang mabag-o ngadto sa usa ka trabahador nga maaghop.

Ikaduha, kinahanglan kanatong maikagon nga moampo samtang nagbuhat sa Pulong sa Dios. Kung moulan sa uma, kini mahimong umog ug mahumok. Kini maayo nga panahon aron tangtangon ang mga bato. Sama niini, kung kita mag-ampo, kita mapuno sa Espiritu, ug ang atong kasingkasing mahimong mahumok. Kung kita mapuno sa Espiritu Santo pinaagi sa mga pag-ampo, kinahanglan dili kita mosipyat nianang higayona. Kinahanglan kanatong madali nga kuhaon ang mga bato. Kana mao nga, kinahanglan kanatong diha-diha nga ibutang ang mga butang sa buhat nga dili kanato gayud masunod sa una. Sa atong padayon nga pagbuhat niini og balik-balik, bisan pa ang daku nga mga bato nga gibutang sa ilalom sa sulod mapaluag ug maibot. Kung atong madawat ang grasya ug kalig-on nga gihatag sa Dios gikan sa ibabaw ug dawaton ang pagkapuno sa Espiritu Santo, unya mahimo kanatong masalikway ang mga sala ug dautan nga dili kanato masalikway kauban ang atong kaugalingong determinasyon.

Ang kasampinitan dili magbunga tungod sa mga kabalaka sa kalibutan ug sa kalimbongan sa mga bahandi.

Kung kita magpugas og mga binhi sa tunukon nga mga dapit, mahimo silang moturok ug motubo, apan tungod sa mga sampinit dili sila makabunga sa bisan unsang bunga. Sama niini, ang katong adunay kasingkasing sama sa kasampinitan nagtoo ug nagsulay nga buhaton ang Pulong nga gihatag, apan dili kanila mabutang ang Pulong sa hingpit nga buhat. Kini tungod kay sila adunay mga kabalaka sa kalibutan, ug kalimbongan sa mga bahandi, kung hain mao ang kalaog sa kuwarta, kabantog, ug kagahum. Tungod niining rasona, sila nabuhi sa mga kagul-anan ug mga pagsulay.

Ang ingon nga mga katawohan adunay kanunay nga mga kabalaka sa pisikal nga mga butang ingon sa mga buluhaton sa balay, ilang mga negosyo, o ilang trabaho ugma bisan pa nga sila nagsimba sa iglesia. Sila unta magkuha og kahupay ug bag-ong kusog samtang nagtambong sa serbisyo sa iglesia, apan sila aduna lang og nagkadaghang mga kabalaka. Unya, bisan pa nga sila mogahin og daghan kaayong mga Dominggo sa iglesia, dili kanila matilawan ang tinuod nga kalipay ug kalinaw sa pagpabalaan sa mga Dominggo. Kung ilang tinuod nga ipabalaan ang mga Dominggo, ang ilang mga kalag mouswag ug sila modawat sa espirituhanon nga materyal nga mga panalangin. Apan, dili sila mahimong makadawat sa ingon nga mga panalangin. Busa, kinahanglan kanilang tangtangon ang mga sampinit ug buhaton ang Pulong sa Dios og tarung aron nga makaangkon sila og maayo nga kasingkasing-nga-yuta.

Karon, unsaon man kanato pagdaro sa kasampinitan?

Kinahanglan kanatong ibton ang mga sampinit sa gamot. Ang

mga sampinit nagsimbolo sa unodnon nga mga hunahuna. Ang ilang mga gamot nagsimbolo sa dautan ug unodnon nga mga butang sa kasingkasing. Kana mao nga, ang dautan ug ang unodnon nga mga kinaiya diha sa kasingkasing mao ang mga kakuhaan sa unodnon nga mga hunahuna. Kung ang mga sanga putlon lang gikan sa tunukon nga mga libon, sila motubo og usab. Sama niini, bisan pa nga ibutang kanato ang atong pangisip nga dili mag-angkon og unodnon nga mga hunahuna, dili kanato sila mapunggan samtang kita adunay dautan diha sa atong mga kasingkasing. Kinahanglan kanatong ibton ang unodnon nga kasingkasing gikan sa gamot.

Taliwala sa daghang mga gamot, kung atong ibton ang mga gamot nga gitawag nga kalaog ug pagkamapahitas-on, mahimo kanatong masalikway ang unod gikan sa atong kasingkasing sa mahinungdanon nga gidak-on. Kita haom nga mahigot sa kalibutan ug kabalaka mahitungod sa unodnon nga mga butang kay kita adunay kalaog sa unodnon nga mga butang. Unya kita kanunay nga maghunahuna kung unsay makabenepisyo sa atong kaugalingon ug sundon ang atong kaugalingong paagi, bisan pa nga kita nagsulti nga kita nabuhi pinaagi sa Pulong sa Dios. Usab, kung kita adunay pagkamapahitas-on dili kita hingpit nga makasunod sab. Atong gamiton ang unodnon nga kaalam ug atong unodnon nga mga hunahuna kay naghunahuna kita nga kita sarang nga makabuhat sa usa ka butang. Busa, una kanatong kinahanglan nga ibton ang mga gamot nga gitawag kalaog ug pagkamapahitas-on.

Magpaugmad sa maayo nga yuta

Kung ang mga binhi mapugas sa maayong yuta, sila manurok ug motubo aron magbunga og 30, 60, o 100 ka beses. Ang katong adunay ingon nga kasingkasing nga mga uma walay kinaugalingon nga pagkamatarung ug mga gambalay sama sa katong adunay daplin sa dalan nga mga kasingkasing. Sila walay mga bato o mga tunok, ug busa sila mosunod sa Pulong sa Dios gamit lang ang 'Oo' ug 'Amen'. Niining paagiha, mahimo silang magbunga og dagaya nga bunga.

Lagi, lisud kini nga magbuhat og tin-aw nga kalainan taliwala sa daplin sa dalan, kabatohan, ug kasampinitan, ug maayong yuta sa kasingkasing sa mga tawo nga morag nag-analisar kita gamit ang pipila ka sukdanan. Ang usa ka daplin sa dalan nga kasingkasing mahimong mag-unod og pipila ka batohon nga yuta. Bisan pa ang maayo nga yuta mahimong magpasulod og pipila ka mga kabakakan sama sa mga bato sa pagpatubo nga proseso. Apan bisan unsang klase sa uma, mahimo kini kanatong maayo nga yuta kung makugihon kini kanato nga darohon. Sama niini, ang importante nga butang mao nga kung unsa kita kamakugihon nga nagdaro sa uma kaysa unsang klase sa kasingkasing-nga-uma nga aduna kita.

Bisan pa ang usa ka sagalsalon umaw nga yuta mahimong mapaugmad ngadto sa uma nga maayong yuta kung ang mag-uuma modaro niini og makugihon kaayo. Sama niini, ang kasingkasing nga mga uma sa tawo mahimong mabag-o pinaagi sa gahum sa Dios. Bisan pa ang gipagahi nga kasingkasing sama sa daplin sa dalan mahimong madaro kauban ang katabang sa Espiritu Santo.

Lagi, ang pagdawat sa Espiritu Santo wala gayud nagpasabot

nga ang atong mga kasingkasing mabag-o dayon. Kinahanglan anaa sab ang atong kaugalingong paningkamot. Kinahanglan kanatong sulayan nga madilaabon nga mag-ampo, magsulay nga maghunahuna lang sa kamatuoran sa tanang butang, ug sulayan nga buhaton ang kamatuoran. Kinahanglan dili kita moundang pagkahuman og sulay og pipila ka mga semana o bisan pa pipila ka mga bulan, apan kinahanglan magpadayon kita sa pagsulay.

Ang Dios naghunahuna sa atong paningkamot ayha pa Siya magahatag sa Iyang grasya ug gahum ug katabang sa Espiritu Santo. Kung atong ipabilin sa hunahuna kung unsa ang kinahanglan kanatong bag-ohon ug aktuwal nga bag-ohon kining mga kinaiya pinaagi sa grasya ug gahum sa Dios ug sa katabang sa Espiritu Santo, nan sigurado kita nga mahimong lahi kaayo pagkahuman sa usa ka tuig. Kita magsulti og maayo nga mga pulong nga nagsunod sa kamatuoran, ug ang atong mga hunahuna mabag-o ngadto sa maayo nga mga hunahuna nga iyaha sa kamatuoran.

Sa gidak-on nga atong madaro ang atong kasingkasing-nga-uma ngadto sa maayong yuta, ang ubang mga bunga sa Espiritu Santo mabunga sab diha kanato. Sa partikular, ang kaaghop duol nga adunay kalabotan sa pagpaugmad sa atong kasingkasing-nga-uma. Gawas kon atong ibton ang nagkalainlain nga mga kabakakan ingon sa kasuko, kadumot, kasina, mga away, pagpanghambog, ug kinaugalingong-pagkamatarung, dili kanato maangkon ang kaaghop. Unya, ang ubang mga kalag dili makaplagan ang pahulay diha kanato.

Tungod niining rasona ang kaaghop mas direkta nga adunay kalabotan sa pagkabalaan kaysa ubang mga bunga sa Espiritu Santo. Dali kanatong madawat ang bisan unsang butang nga atong gipangayo sa pag-ampo sama sa maayong yuta nga naggama og bunga, kung atong ipaugmad ang espirituhanon nga kaahop. Mahimo sab kanatong mas tin-aw nga madungog ang tingog sa Espiritu, aron nga kita mahimong maggiyahan sa mauswagon nga mga pamaagi sa tanang mga butang.

Ang mga panalangin sa maaghop

Dili kini sayon nga magpadagan og usa ka kompanya nga adunay ginatos nga mga empleyado. Bisan pa nga nahimo kang lider sa usa ka grupo pinaagig eleksyon, dili kini sayon nga magpangulo sa tibuok grupo. Aron nga mahimong mahiusa ang daghan kaayong mga katawohan ug pangulohan sila, ang usa ka tawo kinahanglan nga maangkon ang mga kasingkasing sa mga katawohan pinaagi sa espirituhanon nga kaaghop.

Lagi, ang mga katawohan mahimong mosunod sa katong adunay kagahum o ang katong datu ug morag nagtabang sa nagkinahanglan niining kalibutan. Usa ka Koryano nga sanglitanan miingon nga, "Kung ang iro sa ministro mamatay adunay nagbaha nga mga nangasubo, apan kung ang ministro mismo ang mamatay, walay nangasubo." Sumala sa niining sanglitanan, makaplagan kanato kung ang usa ka tawo tinuod nga adunay kalidad sa pagkamanggihatagon kung mawala kaniya ang iyang kagahum ug bahandi. Kung ang usa ka tawo datu ug gamhanan, ang mga tawo morag mosunod kaniya, apan kini lisud nga mangita og usa ka tawo nga mopabilin sa usa ka tawo hangtud sa katapusan bisan pa nga mawala kaniya ang tanan kaniyang kagahum ug bahandi.

Apan siya nga adunay hiyas ug pagkamanggihatagon gisunod

sa daghang mga katawohan bisan pa kung mawala kaniya ang iyang kagahum ug bahandi. Mosunod sila kaniya dili tungod sa pag-angkon og kwarta, apan aron makaplagan ang pahulay diha kaniya.

Bisan pa sa iglesia, ang pipila ka mga lideres nagsulti nga kini lisud tungod dili kanila mahimong madawat ug magakos ang usa ka hakup lang nga mga miyembero sa cell nga grupo. Kung gusto kanilang magbuhat og pagkapukaw sa ilang grupo, kinahanglan una kanilang ipaugmad ang maaghop nga kasingkasing nga sama sa kahumok sa gapas. Unya, ang mga miyembro makaplagan ang pahulay diha sa ilang mga lideres, nga nangalipay sa kalinaw ug kalipayan, busa ang pagkapukaw gilayon nga mosunod. Ang mga pastor ug mga ministro kinahanglan nga maaghop kaayo ug mahimong modawat sa daghang mga kalag.

Adunay mga panalangin nga gihatag sa maaghop. Ang Mateo 5:5 nagsulti nga, *"Bulahan ang mga maaghop, kay sila magapanunod sa yuta."* Sumala sa gihisgotan sa sayo pa, ang pagpanunod sa yuta wala nagpasabot nga kita modawat og yuta nganhi niining kalibutan. Kini nagpasabot nga modawat kita og yuta sa Langit sa gidak-on nga atong gipaugmad ang espirituhanon nga kaaghop diha sa atong kasingkasing. Kita modawat og igo nga gidak-on nga balay sa Langit aron nga maagda ang matag kalag nga nakapangita og pahulay diha kanato.

Ang pagkuha sa ingon nga daku nga puy-anan sa Langit nagpasabot sab nga kita mabutang sa usa ka dungganon kaayo nga posisyon, sab. Bisan pa nga kita adunay ingon nga daku nga bahin sa yuta sa Kalibutan, dili kini kanato madala sa Langit. Apan ang yuta nga atong madawat sa Langit pinaagi sa pagpaugmad sa usa ka maaghop nga kasingkasing mao ang atong panulundon nga dili mawala sa kahangtoran. Pangalipayan kanato ang kalipayang dayon sa atong dapit kauban ang Ginoo ug ang atong mga hinigugma.

Busa, naglaum ko nga makugihon ka nga magdaro sa imong kasingkasing aron nga mabunga ang maanyag nga bunga sa kaaghop, aron nga imong mapanunod ang usa ka daku nga bahin sa yuta isip nga imong panulundan sa langitnon nga gingharian sama sa iyaha ni Moises.

1 Mga Taga-Corinto 9:25

"Ang matag-usa ka magdudula nagabatasan sa pagpugong

sa iyang kaugalingon labut sa tanang mga butang.

Sila nagahimo niini aron sa pagdaug

sa usa ka purongpurong nga madunot ra,

apan kita aron sa pagdaug sa dili madunot."

Nga sa Maong mga Butang Walay Kasugoan nga Kabatok

Kapitulo 10

Pagpugong sa kaugalingon

Ang pagpugong sa kaugalingon gikinahanglan sa tanang mga aspeto sa kinabuhi
Ang pagpugong sa kaugalingon, sukaranon para sa mga anak sa Dios
Ang pagpugong sa kaugalingon nagpahingpit sa mga bunga sa Espiritu Santo
Mga ebidensya nga ang bunga sa pagpugong sa kaugalingon nabunga na
Kung gusto kanimong mabunga ang bunga sa pagpugong sa kaugalingon

Pagpugong sa kaugalingon

Ang marathon usa ka 42.195 km (26 ka milya ug 385 ka yarda) nga lumba. Ang mga magdadagan kinahanglan nga dumalahon ang ilang dagan og maayo aron nga makaabot sa katapusan nga linya. Dili kini usa ka mubo nga distansya nga lumba nga mahuman og dali, busa kinahanglan kanilang modagan sa pinakakusog nga kapaspas sa sinalagma. Kinahanglan kanilang magpabilin sa usa ka makanunayon kaayo nga dagan sa tibuok nga kurso sa lumba, ug inig kaabot kanila sa angay nga punto, mahimong mohatag sila sa ulahing kusog sa enerhiya.

Ang sama nga prinsipyo nag-aplikar sa atong mga kinabuhi. Kinahanglan kanatong makanunayong magmatinumanon hangtud sa katapusan sa atong lumba sa pagtoo ug modaog sa pakigbisog batok sa atong mga kaugalingon aron nga maangkon ang kadaugan. Dugang pa, ang katong gustong modawat sa mahimayaon nga mga korona sa langitnon nga gingharian kinahanglan nga sarang nga mabuhat ang pagpugong sa kaugalingon sa tanang mga butang.

Ang pagpugong sa kaugalingon gikinahanglan sa tanang mga aspeto sa kinabuhi

Atong makita niining kalibutan nga ang katong walay pagpugong sa kaugalingon nagpakomplikado sa ilang mga kinabuhi ug nakahinungdan og mga kalisud para sa ilang mga kaugalingon. Pananglitan, kung ang mga ginikanan mohatag lang og sobra kaayo nga gugma sa ilang anak nga lalaki kay siya lang ang bugtong nga anak, lagmit kini nga ang bata modaku nga abusado. Usab, bisan pa nga nakahibalo sila nga kinahanglan kanilang dumalahon ug atimanon ang ilang mga pamilya, ang katong nagumon sa pagsugal o ubang mga porma sa kalami mabutang sa kalaglagan ang ilang mga pamilya kay dili kanila mapunggan ang ilang mga kaugalingon. Sila mosulti nga, "Kini ang ulahi nga higayon. Dili na ko mousab," apan kanang 'ulahing higayon' magpadayon og hitabo og balik-balik.

Sa bantog nga makasaysayan nga nobelo sa Tsino nga *Romance of Three Kingdoms,* si Zhang Fei puno sa gugma ug kaisog apan siya mainiton og ulo ug agresibo. Si Liu Bei ug si Guan Yu, nga nanumpa og panag-igsoonay kauban kaniya, kanunay nga nabalaka nga mahimo siyang makabuhat og mga kasaypanan sa bisan unsang panahona. Si Zhang Fei nagdawat og daghang pagtambag, apan dili gayud kaniya mabag-o ang iyang kinaiya. Sa ulahi, nangatubang siya og kasamok tungod sa iyang kainiton og ulo. Siya nagbunal ug naghampak sa iyang mga sakop nga dili makatangkod sa iyang mga gilauman, ug duha ka tawo nga mibati nga sila dili tarung nga gisilotan nagdumot batok kaniya, gipatay siya, ug gisurender and ilang mga kaugalingon ngadto sa kampo sa kaaway.

Sama niini, ang katong dili makapugong sa ilang mga kainiton sa ulo mosakit sa pagbati sa daghang mga katawohan sa balay ug sa dapit sa trabaho. Sayon kini para kanila nga makahinungdan og pagdumot taliwala sa ilang mga kaugalingon ug sa uban, ug busa dili sila lagmit nga makadala og mauswagon nga mga kinabuhi. Apan ang katong maalam magbasol sa ilang kaugalingon ug moantus sa uban bisan pa sa makahagit og kasuko nga mga sitwasyon. Bisan pa kung ang uban makabuhat og daku nga mga kasaypanan, ilang punggan ang ilang mga kasuko ug magtunaw sa mga kasingkasing sa uban kauban sa mga pulong sa kahupay. Ang ingon nga mga lihok maalam nga mga lihok nga makaangkon sa mga kasingkaisng sa daghang mga katawohan ug tugotan ang ilang mga kinabuhi nga molambo.

Ang pagpugong sa kaugalingon, sukaranon para sa mga anak sa Dios

Sa pinakasukaranon, kita, isip nga mga anak sa Dios, kinahanglan og pagpugong sa kaugalingon aron nga masalikway ang mga sala. Sa kaminos sa pagpugong sa kaugalingon nga aduna kita, mas lisud kanato nga mabati ang pagsalikway sa mga sala. Kung maminaw kita sa Pulong sa Dios ug dawaton ang grasya, kita nagdesisyon nga bag-ohon ang atong mga kaugalingon, apan mahimo kita sa gihapon nga matintal sa kalibutan og usab.

Makita kini kanato pinaagi sa mga pulong nga mogawas gikan sa atong mga wait. Daghang mga katawohan nag-ampo nga mapabalaan ug mapahingpit ang ilang mga wait. Apan sa ilang mga kinabuhi, nakalimtan kanila kung unsa ang ilang giampo, ug sila mosulti kung unsa ang ilang gusto isulti, nga nagsunod sa ilang mga gawi sa una. Kung makakita sila sa usa ka butang nga mahitabo nga lisud para kanila nga masabtan kay kini nagbatok sa kung unsa ang ilang gihunahuna o gituohan, ang pipila ka mga katawohan sa dili madugay mobagulbol ug moreklamo mahitungod niini.

Sila mahimong magbasol niini pagkahuman og pagreklamo, apan dili kanila mapunggan ang ilang mga kaugalingon kung maukay ang ilang mga emosyon. Usab, ang pipila ka mga katawohan gusto kaayo ang makighinabi nga dili sila makaundang sa dihang makasugod na sila og sulti. Sila walay panabot taliwala sa mga pulong sa kamatuoran ug kabakakan, ug ang mga butang nga kinahanglan kanilang isulti ug dili isulti, busa sila makabuhat og daghang mga kasaypanan.

Mahimo kanatong masabtan kung unsa ka importante ang pagpugong sa kaugalingon sa pagkakita lang niining aspeto sa pagpugong sa atong mga pulong.

Ang pagpugong sa kaugalingon nagpahingpit sa mga bunga sa Espiritu Santo

Apan ang bunga sa pagpugong sa kaugalingon, isip nga usa sa mga bunga sa Espiritu Santo, wala lang nagpasabot sa pagpugong sa atong mga kaugalingon gikan sa pagbuhat og mga sala. Ang pagpugong sa kaugalingon isip nga usa ka mga bunga sa Espiritu Santo nagdumala sa ubang mga bunga sa Espiritu Santo aron nga sila mahimong hingpit. Tungod niining rasona, ang unang bunga sa Espiritu Santo mao ang gugma ug ang katapusan mao ang pagpugong sa kaugalingon. Ang pagpugong sa kaugalingon medyo minos nga mamatikdan kaysa ubang mga bunga, apan kini importante kaayo. Kini nagdumala sa tanang butang aron mga adunay kalig-on, organisasyon, ug pagkakongkreto. Kini ulahi nga gihistogan taliwala sa ubang mga bunga sa Espiritu Santo kay ang tanang ubang mga bunga mahimong mapahingpit pinaagi sa pagpugong sa kaugalingon.

Pananglitan, bisan pa nga kita adunay bunga sa kalipay, dili lang kanato mapakita ang atong kalipay sa bisan asa ug sa bisan unsang panahona. Kung ang ubang mga katawohan nagkasubo sa usa ka lubong, kung ikaw adunay yuhom og daku sa imong nawong, unsa man ang ilang isulti mahitungod kanimo? Sila dili mosulti nga maparaygon ka kay nagbunga ka sa bunga sa kalipay. Bisan pa nga ang kalipay sa pagdawat og kaluwasan daku kaayo, kinahanglan kanato kining punggan sumala sa mga sitwasyon. Niining paagiha mahimo kini kanatong usa ka tinuod nga bunga sa Espiritu Santo.

Importante kini nga makaangkon og pagpugong sa kaugalingon kung kita matinumanon sa Dios sab. Hilabi na, kung ikaw adunay daghang mga katungdanan, kinahanglan kanimong igahin ang imong panahon og tarung aron nga mahimo kang anaa sa kung asa ikaw pinakagikinahanglan sa angay nga panahon. Bisan pa kung ang usa ka partikular nga panagtagbo mapuangoron kaayo, kinahanglan kanimo kining humanon kung kanus-a kini kinahanglan ng mahuman. Sama niini, aron nga magmatinumanon diha sa tibuok balay sa Dios, kinahanglan kanato ang bunga sa pagpugong sa kaugalingon.

Sama kini sa tanang ubang mga bunga sa Espiritu Santo, apil ang gugma, kalooy, kamaayo, ug uban pa. Kung ang mga bunga nga gibunga diha sa kasingkasing mapakita sa mga buhat, kinahanglan kanatong sundon ang paggiya ug tingog sa Espiritu Santo aron nga mabuhat kini sa pinakaangay. Mahimo kanatong maprayoridad ang trabaho nga buluhaton og una ug ang katong mahimong mabuhat unya. Mahimo kanatong matino kung kinahanglan kitang moadto padulong o motikang og balik. Maangkon kanato kining klase sa panabot pinaagi niining bunga sa pagpugong sa kaugalingon.

Kung adunay usa ka tawo nga nabunga ang tanang mga bunga sa Espiritu Santo og hingpit, kini nagpasabot nga siya nagsunod sa mga tinguha sa Espiritu Santo sa tanang mga butang. Aron nga masunod ang mga tinguha sa Espiritu Santo ug maglihok sa kahingpit, kinahanglan kanatong maangkon ang bunga sa pagpugong sa kaugalingon. Mao kana nganong masulti kanato nga ang tanang mga bunga sa Espiritu Santo napahingpit pinaagi niining bunga sa pagpugong sa kaugalingon, ang ulahing bunga.

Mga ebidensya nga ang bunga sa pagpugong sa kaugalingon nabunga na

Kung ang ubang mga bunga sa Espiritu Santo nga nabunga na diha sa kasingkasing mapakita sa gawas, ang bunga sa pagpugong sa kaugalingon mahimong usa ka sentro sa arbitrasyon nga naghatag og panag-uyon ug kahusay. Bisan pa kung kita magkuha og usa ka butang nga maayo diha sa Ginoo, ang pagkuha sa tanan nga makuha kanimo dili kanunay nga pinakamaayo. Ang magsulti kita og sobra sa usa ka butang mas grabe kaysa usa ka butang nga kulang. Sa espiritu, sab, kinahanglan kanatong buhaton ang tanang butang sa kasarangan nga nagsunod sa mga tinguha sa Espiritu Santo.

Karon, tugoti ko nga mapatin-aw kung unsaon ipakita sa detalye ang bunga sa pagpugong sa kaugalingon.

Una, sundon kanato ang kahan-ayan o herarkiya sa tanang mga butang.

Pinaagi sa pagsayod sa atong posisyon sa han-ay, masabtan kanato kung kanus-a kita molihok o dili molihok ug ang mga pulong nga kinahanglan o dili kinahanglan kanatong isulti. Unya, walay bisan unsang mga panagbangi, mga away, o mga dili pagsinabot. Usab, dili kita mobuhat og bisan unsang butanga nga dili angay o mga butang nga molabaw sa mga utlanan sa atong posisyon. Pananglitan, kunohay ang lider sa usa ka misyon nga grupo mihangyo sa administrador nga buhaton ang usa ka piho nga trabaho. Kining administrador puno sa pagbati, ug siya mibati nga aduna siya og mas maayo nga ideya, busa iyang gibag-o ang pipila ka mga butang sa iyahang pagbulot-an ug gibuhat ang trabaho sumala. Unya, bisan pa nga siya nagtrabaho kauban ang daku kaayo nga pagbati, wala kaniya gituman ang sugo pinaagi sa pagbag-o sa mga butang tungod sa kakulang sa pagpugong sa kaugalingon.

Ang Dios mahimo taas nga motagad kanato kung kita mosunod sa kahan-ayan sumala sa nagkalainlain nga mga posisyon sa misyon nga mga grupo sa iglesia, ingon sa presidente, bise-presidente, administrador, sekretarya, o mamahandi. Ang atong mga lideres mahimong adunay nagkalainlain nga mga pamaagi sa pagbuhat sa mga butang kaysa atong kaugalingon. Unya, bisan pa nga ang atong kaugalingong mga pamaagi morag mas maayo ug lagmit nga magbunga og mas daghang bunga, dili kita makapamunga og maayo nga bunga kung ang han-ay ug kalinaw maguba. Si Satanas kanunay nga nanghilabot kung ang kalinaw maguba, ug ang buluhaton sa Dios mapugngan. Gawas kung ang usa ka piho nga butang hingpit nga kabakakan, kinahanglan kanatong maghunahuna sa tibuok nga grupo, ug mosunod ug padayunon ang kalinaw sumala sa kahan-ayan aron nga ang tanang butang maanyag nga mabuhat.

Ikaduha, mahimo kanatong hunahunaon ang mga unod, ang panahon, ug lokasyon bisan pa kung kita nagbuhat sa usa ka butang nga maayo.

Pananglitan, ang mosinggit sa pag-ampo usa ka butang nga maayo, apan kung ikaw mosinggit sa bisan asang sinalagma nga lokasyon nga walay kakimi, mahimo kining kaulawan sa Dios. Usab, kung mowali ka sa Maayong Balita o magbisita sa mga miyembro aron mohalad og espirituhanon nga paggiya, kinahanglan aduna kay panabot sa mga pulong nga imong isulti. Bisan pa nga ikaw nakasabot sa pipila ka halawom nga espirituhanon nga mga butang, dili kini kanimo mapasangyaw lang sa tanang tawo. Kung imong ihatud ang usa ka butang nga wala mouyon sa gidak-on sa pagtoo sa naminaw, nan mahimo kining hinungdan nga madagma kanang tawhana o mohukom ug mokondena.

Sa pipila ka mga kaso, ang usa ka tawo mahimong mohatag sa iyang testimonya o mohatud kung unsa ang iyang espirituhanon nga nasayuran sa mga katawohan nga sako sa ubang mga buluhaton. Bisan pa kung ang unod maayo kaayo, dili kaniya gayud mahatagan og kaayohan ang uban gawas kung kini gihatud sa usa ka angay nga sitwasyon. Bisan pa kung ang uban maminaw kaniya aron nga dili mobastos kaniya, dili siya gayud makahatag og atensyon sa testimonya kay sila sako ug gikulbaan. Tugoti ko og hatag og usa ka pananglitan. Kung ang usa ka parokya o usa ka grupo sa mga katawohan adunay usa ka panagtagbo kauban kanako para sa konsultasyon, ug kung ang usa ka tawo nagpadayon og sulti sa iyang mga testimonya, unsa man ang mahitabo nianang panagtagbo? Kanang tawhana naghatag og himaya sa Dios kay siya puno sa grasya ug Espiritu. Apan isip nga salangpotan, kining indibiduwal personal nga migamit sa tanang panahon nga gigahin para sa tibuok grupo. Kini tungod sa kakulang sa pagpugong sa kaugalingon. Bisan pa kung ikaw nagbuhat og usa ka butang nga maayo kaayo, kinahanglan kanimong hunahunaon ang tanang mga klase sa mga sitwasyon ug mag-angkon og pagpugong sa kaugalingon.

Ikatulo, dili kita walay pailob o nagdali apan kalma aron nga mahimo kitang molihok sa matag sitwasyon kauban ang panabot.

Ang katong walay pagpugong sa kaugalingon walay pailob ug nagkulang sa konsiderasyon para sa uban. Sa ilang pagdali, sila nag-angkon og minos nga gahum sa panabot, ug mahimo kanilang masipyatan ang pipila ka importante nga mga butang. Sila dinalidali nga mohukom ug mokondena nga nakaingon og kahasol taliwala sa uban. Para sa katong walay pailob kung sila maminaw o motubag sa uban, mahimo silang makabuhat og daghang mga kasaypanan. Kinahanglan dili kita walay pailob nga pahunongon samtang ang usa ka tawo nagsulti. Kinahanglan kanatong maminaw og maayo hangtud sa katapusan aron nga kita makalikay sa dinalidali nga mga konklusyon. Dugang pa, niining paagi mahimo kanatong masabtan ang intensyon nianang tawhana og molihok niini sumala.

Sa wala pa kaniya madawat ang Espiritu Santo, si Pedro adunay walay pailob ug gumagawas nga kinaiya. Desperado siya nga misulay sa pagpugong sa iyang kaugalingon sa atubangan ni Hesus, apan bisan pa, usahay ang iyang kinaiya gipadayag. Sa kaniadtong gisultihan ni Hesus si Pedro nga siya molimod Kaniya sa wala pa ang paglansang, dihadiha dayon nga gihimakak ni Pedro ang gisulti ni Hesus, nga nagsulti nga dili gayud kaniya ilimod ang Ginoo.

Kung si Pedro nag-angkon sa bunga sa pagpugong sa kaugalingon, wala unta siya misupak dayon kang Hesus, apan siya unta misulay nga pangitaon ang husto nga tubag. Kung nahibaloan kaniya nga si Hesus mao ang Anak sa Dios, ug nga siya dili gayud mosulti og usa ka butang nga walay pulos, iya untang gipabilin ang mga pulong ni Hesus sa iyang hunahuna. Sa pagbuhat ana, mahimo unta siya nga nangamdam og pag-ayo nga dili kini unta mahitabo. Ang tarung nga panabot nga nagpasarang kanato nga makalihok og angay naggikan sa pagpugong sa kaugalingon.

Ang mg Hudeo adunay daku nga garbo sa ilang mga kaugalingon. Sila mapahitas-on kaayo nga ilang hugot nga gipabilin ang Kasugoan sa Dios. Ug kay gibadlong ni Hesus ang mga Pariseo ug mga Saduceo nga mao ang mga politikal ug relihiyoso nga mga lideres, dili sila makahatag og paborable nga mga pagbati ngadto Kaniya. Hilabi na, sa kaniadtong miingon si Hesus nga Siya mao ang Anak sa Dios, kini ilang gihunahuna nga pagpasipala. Niadtong panahona ang Piyesta sa mga Tabernakulo duol na. Sa mga tig-ani nga panahon, sila nagbutang og mga tabernakulo aron nga mahinumduman ang Exodo ug maghatag og pasalamat sa Dios. Ang mga katawohan sa kasagaran moadto sa Herusalem aron sa pagsaulog sa kapiyestahan.

Apan si Hesus dili moadto sa Herusalem bisan pa nga ang Piyesta duol na, ug ang Iyang mga igsoon nga lalaki miawhag Kaniya nga moadto sa Herusalem, nga magpakita og mga milagro, ug ipadayag ang Iyang kaugalingon aron nga makuha ang suporta gikan sa mga katawohan (Juan 7:3-5). Sili miingon nga, *"Kay walay tawo nga magabuhat sa tago kon mao may iyang tinguha nga ilhon siya sa dayag"* (b. 4). Bisan pa nga ang usa ka butang morag resonable kaayo, kini walay relasyon sa Dios gawas kung kini sumala sa Iyang kabubut-on. Tungod sa ilang kaugalingong mga hunahuna, bisan pa ang mga igsoon nga mga lalaki ni Hesus naghunahuna nga kini dili husto sa kaniadtong nakita kanila si Hesus nga hilom nga naghulat para sa Iyang panahon.

Kung si Hesus walay pagpugong sa kaugalingon, niadto unta Siya sa Herusalem dayon ug nagpadayag sa Iyang kaugalingon. Apan Siya wala mauyog sa mga pulong sa Iyang mga igsoon nga mga lalaki. Siya mihulat lang sa tarung nga panahon ug sa probidensya sa Dios nga ipadayag. Ug unya Siya miadto sa Herusalem og hilom nga wala mamatikdi sa mga katawohan pagkahuman nga ang tanang mga igsoon nga lalaki miadto sa Herusalem. Siya milihok pinaagi sa pagbuot sa Dios nga nakahibalo og husto kung kanus-a moadto ug kanus-a mopabilin.

Kung gusto kanimong mabunga ang bunga sa pagpugong sa kaugalingon

Kung kita makig-istorya sa uban, daghang higayon nga ang ilang mga pulong ug sulod sa mga kasingkasing nagkalainlain. Ang pipila mosulay nga ipadayag ang mga sayop sa ubang katawohan aron nga matabunan ang ilang kaugalingong mga sayop. Sila mahimong mangayo para sa usa ka butang aron nga matuman ang ilang kalaog, apan sila mangayo niini nga morag usa ka hangyo para sa usa pa ka tawo. Sila morag mangutana aron nga masabtan ang kabubut-on sa Dios, apan sa katinuoran, sila nagsulay nga kuhaon ang tubag nga gusto kanila. Apan kung ikaw kalma nga makig-istorya kanila, atong makita nga ang ilang kasingkasing sa ulahi mapadayag.

Ang katong adunay pagpugong sa kaugalingon dili dali nga mauyog sa mga pulong sa ubang mga katawohan. Mahimo kanilang kalma nga maminaw sa uban ug makaaninag sa kamatuoran pinaagi sa mga buhat sa Espiritu Santo. Kung sila makaaninag kauban ang pagpugong sa kaugalingon ug tubag, sila mahimong makaminos sa daghang mga kasaypanan nga mahimong mahinungdan tungod sa sayop nga mga desisyon. Sa nianang gidak-on, sila moangkon og awtoridad ug kabug-at sa ilang mga pulong, aron nga ang ilang mga pulong adunay mas bug-at nga epekto sa uban. Karon, unsaon man kanato pagbunga niining importante nga bunga sa pagpugong sa kaugalingon?

Una, kinahanglan moangkon kita sa walay pagbag-o nga mga kasingkasing.

Kinahanglan kanatong magpaugmad sa matinud-anon nga mga kasingkasing nga walay kabakakan o kalimbongan. Unya maangkon kanato ang kagahum nga buhaton ang unsay atong gidesisyonan nga buhaton. Lagi, dili lang kanato mapaugmad kining klase sa kasingkasing sa usa lang kagabii. Kinahanglanon kanatong magpadayon sa paghanas sa atong mga kaugalingon, nga nagsugod sa pagbantay sa atong mga kasingkasing sa magagmay nga mga butang.

Adunay usa ka piho nga agalon ug iyang mga magtutuon. Usa ka adlaw sila milabay sa usa ka merkado ug ang pipila sa mga magpapatigayon sa merkado adunay kasumpakian kanila ug gisugdan ang usa ka pakiglalis kauban kanila. Ang mga disipolo nasuko ug misulod sa usa ka pakig-away, apan ang agalon kalma lang. Pagkahuman kanila og balik gikan sa merkado, gikuha kaniya gikan sa lawaktipiganan ang usa ka bugkos nga mga sulat. Ang mga sulat adunay mga unod nga misaway kaniya nga walay basehan, ug iyang gipakita kini sa iyang mga magtutuon.

Unya siya miingon nga, "Dili kanako malikayan nga sayop nga

masabtan. Apan wala koy labot mahitungod sa sayop nga pagsabot sa mga katawohan. Dili kanako malikayan ang unang kahugaw nga moanha kanako, apan sa gihapon akong malikayan ang kabuangan nga kuhaon ang ikaduhang kahugaw."

Nganhi, ang unang kahugaw mao nga mahimong usa ka tumong sa tabi sa ubang mga katawohan. Ang ikaduhang kahugaw mao ang pag-angkon og kahasol nga mga pamati ug mosulod sa mga pakiglalis ug mga away tungod sa ingon nga mga tabi.

Kung makaangkon lang kita og kasingkasing nga sama sa niiining agalon, dili kita mauyog sa bisan unsang klase sa sitwasyon. Apan hinoon mahimo kanatong mabantayan ang atong mga kasingkasing, ug ang atong mga kinabuhi mabutang sa kalinaw. Ang katong makabantay sa ilang kasingkasing mahimong makontrol ang ilang kaugalingon sa tanang butang. Sa gidak-on nga atong masalikway ang tanang mga klase sa dautan ingon sa kadumot, kasina, ug panibugho, mahimo kitang masaligan ug higugmaon sa Dios.

Ang mga butang nga gitudlo kanako sa akong mga ginikanan sa akong pagkabata nakatabang kanako og daku sa akong pastoral nga pangalagad. Samtang ako gitudloan mahitungod sa tarung nga mga pamaagi sa pagsulti, paglakat, ug tarung nga mga lihok ug mga gawi, natun-an kanako nga mabantayan ang akong kasingkasing ug makontrol ang akong kaugalingon. Sa dihang makadesisyon na kita, kinahanglan kanatong mapabilin kini ug dili kini bag-ohon nga nagsunod sa atong kaugalingong benepisyo. Sa atong pagtapok sa ingon nga mga paningkamot, sa ulahi maangkon kanato ang walay pagbag-o nga kasingkasing ug maangkon ang kagahum sa pagpugong sa kaugalingon.

Sunod, kinahanglan kanatong hanason ang atong mga kaugalingon aron nga maminaw sa mga tinguha sa Espiritu Santo pinaagi sa dili paghunahuna sa atong kaugalingong opinyon og una.

Sa gidak-on nga atong matun-an ang Pulong sa Dios, ang Espiritu Santo magtugot kanato nga madungog ang Iyang tingog pinaagi sa Pulong nga atong matun-an. Bisan pa nga kita dili tarung nga giakusahan, ang Espiritu Santo nagsulti kanato nga magpasaylo ug maghigugma. Unya, mahimo kitang maghunahuna nga, 'Kining tawhana tingali adunay rason nganong gibuhat kaniya ang iyang gibuhat. Akong sulayan nga pawad-on ang iyang sayop nga pagsabot pinaagi sa pagrason kaniya sa usa ka mahigalaon nga paagi.' Apan kung ang atong mga kasingkasing adunay mas daghang nga mga kabakakan, una kanatong madungog ang tingog ni Satanas. 'Kung ako siyang pasagdan, padayon siya nga magpaubos kanako. Kinahanglan tudloan kanako siya og leksyon.' Bisan pa kung madungog kanato ang Espiritu Santo, masipyatan kini kanato kay kini maluya kaayo kumpara sa hilabihan nga dautan nga mga hunahuna.

Busa, kita makadungog sa tingog sa Espiritu Santo kung makugihon kanatong isalikway ang mga kabakakan nga anaa diha sa atong mga kasingkasing ug ipabilin ang Pulong sa Dios diha sa atong mga kasingkasing. Mahimo kanatong mas magkadugang nga madungog ang tingog sa Espiritu Santo sa atong pagsunod bisan pa sa pinakamaluya nga tingog sa Espiritu. Kinahanglan kanatong sulayan nga madungog ang tingog sa Espiritu Santo og una, kaysa kung unsa ang atong gihunahuna nga mas dinalian ug kung unsa ang atong gihunahuna nga maayo. Unya, sa atong pagdungog sa Iyang tingog ug dawaton ang Iyang pag-awhag, kinahanglan kanatong sundon kini ug ibutang kini sa buhat. Sa atong paghanas sa atong mga kaugalingon nga maghatag og atensyon ug mosunod sa mga tinguha sa Espiritu Santo sa tanang panahon, mahimo kanatong maaninag bisan pa ang gamay kaayo nga tingog sa Espiritu Santo. Unya, mahimo kanatong maangkon ang panag-uyon sa tanang mga butang.

Sa usa ka diwa, morag kini nga ang pagpugong sa kaugalingon adunay labing minos nga prominente nga kinaiya taliwala sa tanang siyam ka mga bunga sa Espiritu Santo. Apan, kini kinahanglanon sa tanang mga dapit sa nagkalainlain nga mga bunga. Kini usa ka pagpugong sa kaugalingon nga nagkontrol sa tanang uban pang walo ka mga bunga sa Espiritu Santo: gugma, kalipay, kalinaw, pailob, pagkamapuanguron, pagkamaayo, pagkamatinumanon, ug kaaghop. Dugang pa, ang tanang ubang walo ka mga bunga mahimo lang nga mahingpit kauban ang pagpugong sa kaugalingon, ug tungod niining rasona ang ulahing bunga ang pagpugong sa kaugalingon importante.

Ang matag usa niining mga bunga sa Espiritu Santo sobra ka bilihon ug sobra kamaanyag kaysa bisan usang bilihon nga mutya niining kalibotan. Madawat kanato ang tanang butang nga atong gipangayo sa pag-ampo ug kita magmainuswagon sa tanang mga butang kung mabunga kanato ang mga bunga sa Espiritu Santo. Mahimo sab kanatong mapadayag ang himaya sa Dios pinaagi sa pagpasundayag sa gahum ug awtoridad sa Kahayag niining kalibutan. Naglaum ko nga imong mas kahidlawan ug maangkon ang mga bunga sa Espiritu Santo kaysa bisan unsang bahandi niining kalibutan.

Mga Taga-Galacia 5:22-23

"Apan ang bunga sa Espiritu mao

ang gugma, kalipay, kalinaw, pailob, pagkamapuanguron,

pagkamaayo, pagkamatinumanon, kaaghop,

pagpugong sa kaugalingon;

nga sa maong mga butang

walay kasugoan nga kabatok."

Kapitulo 11

Nga sa maong mga butang walay kasugoan nga kabatok

Kay gipanagtawag kamo ngadto sa kagawasan

Paglakaw pinaagi sa Espiritu

Ang una sa siyam nga mga bunga mao ang gugma

Nga sa maong mga butang walay kasugoan nga kabatok

Nga sa maong mga butang walay kasugoan nga kabatok

Ang apostol nga si Pablo usa ka Hudeo sa tanang mga Hudeo, ug siya mopadulong sa Damascus aron nga dakpon ang mga Kristohanon. Sa iyang dalan nga padulongan, nan, iyang nailhan ang Ginoo ug naghinulsol. Wala siya makaamgo sa kamatuoran sa Maayong Balita kung hain ang usa maluwas pinaagi sa pagtoo kang Hesukristo nianang panahona, apan pagkahuman kaniya og dawat sa gasa sa Espiritu Santo siya nagpangulo sa ebanghelyo sa mga Hentil pinaagi sa paggiya sa Espiritu Santo.

Ang siyam ka mga bunga sa Espiritu Santo gitala sa kapitulo 5 sa basahon sa mga Taga-Galacia, kung hain usa sa iyang mga epistola. Kung atong masabtan ang mga stiwasyon nianang panahona, atong masabtan ang rason nganong misulat si Pablo sa mga Taga-Galacia ug unsa kini kaimportante para sa mga Kristohanon nga magbunga sa bunga sa Espiritu.

Kay gipanagtawag kamo ngadto sa kagawasan

Sa iyang unang misyonaryo nga paglakaw si Pablo miadto ngadto sa Galacia. Sa sinagoga, wala siya mowali sa Kasugoan ni Moises ug sa sirkonsisyon, apan ang Maayong Balita lang ni Hesukristo. Ang iyang mga pulong gikompirma pinaagi sa masunod nga mga timailhan, ug daghang mga katawohan ang naluwas. Ang mga tumuluo sa iglesia sa Galacia nahigugma kaniya og maayo nga, kung posible, ilang ibton ang ilang mga mata ug ihatag kini kang Pablo.

Pagkahuman sa unang misyonaryo nga paglakaw ni Pablo ug mipauli ngadto sa Antioquia, usa ka problema ang mituhaw sa iglesia. Ang pipila ka mga katawohan naggikan sa Judea ug mitudlo nga ang mga Hentil kinahanglan nga magpasirkonsisyon aron mga makadawat og kaluwasan. Si Pablo ug si Barnabas adunay daku nga panagbangi ug debate kanila.

Ang mga kaigsoonan midesisyon nga si Pablo ug si Barnanas ug ang ubang kadiotayan kinahanglan nga mosaka ngadto sa Herusalem sa mga apostol ug mga katigulangan mahitungod niining isyu. Sila mibati nga moabut sa usa ka konklusyon mahitungod sa Kasugoan ni Moises samtang nagwali sa Maayong Balita ngadto sa mga Hentil sa parehong iglesisa sa Antioquia ug sa Galacia.

Ang Mga Buhat kapitulo 15 naghulagway sa mga sitwasyon sa wala pa ug pagkahuman sa Konseho sa Herusalem, ug gikan niini atong mabanabana kung unsa ka seryoso ang sitwasyon nianang panahona. Ang mga apostol, nga mao ang mga disipolo ni Hesus, ug mga katigulangan ug mga tinugyanan sa iglesia mitigom ug adunay nagkainit nga mga panaghisgotan, ug sila miabot sa konklusyon nga ang mga Hentil kinahanglan nga maglikay gikan sa mga butang nga nakontamina sa mga diosdios ug gikan sa pakighilawas ug gikan sa kung unsay naluok ug gikan sa dugo.

Mipadala sila og mga tawo ngadto sa Antioquia aron nga ihatud ang opisyal nga sulat kung hain nagsulat mahitungod sa konklusyon sa Konseho, kay ang Antioquia mao ang sentro nga dapit sa pag-ebanghelyo sa mga Hentil. Mihatag sila og pipila ka mga kagawasan sa mga Hentil sa pagpabilin sa Kasugoan ni Moises kay kini mahimong lisud para kanila nga ipabilin ang Kasugoan sama sa mga Hudeo. Niining paagiha, ang bisan kinsa nga Hentil mahimong makadawat og kaluwasan pinaagi sa pagtoo kang Hesukristo.

Ang Mga Buhat 15:28-29 nagsulti nga, *"Kay gipakamaayo sa Espiritu Santo ug namo ang dili pagdat-og kaninyo sa bisan unsang luwan gawas lamang sa pipila ka mga kinahanglanong butang nga mao kini: nga kinahanglan inyong dumilian ang bisan unsa nga gikadulot ngadto sa mga diosdios, ug ang dugo, ug ang mga mananap nga naluok, ug ang pakighilawas; kon kamo managlikay gikan niining mga butanga, ginabuhat ninyo ang maayo. Pag-ayoayo."*

Ang konklusyon sa Konseho sa Herusalem gihatud sa mga iglesia, apan ang katong wala nakasabot sa kamatuoran sa Maayong Balita ug ang dalan sa krus nagpadayon og pagtudlo sa mga iglesia nga ang mga tumuluo kinahanglan nga ipabilin ang Kasugoan ni Moises. Ang pipila ka mga mini nga mga propeta misulod sab sa iglesia ug gipagubot ang mga tumuluo nga nagbatikos sa apostol nga si Pablo nga wala magtudlo sa Kasugoan.

Sa kaniadtong ang ingon nga insidente nahitabo sa iglesia sa Galacia, gipatin-aw sa apostol nga si Pablo ang mahitungod sa tinuod nga kagawasan sa mga Kristohanon sa iyang sulat. Nga nagsulti nga sa kaniadto iyang hugot nga gipabilin ang Kasugoan ni Moises apan nahimong apostol para sa mga Hentil pagkahuman og pag-ila sa Ginoo, siya mitudlo kanila sa kamatuoran sa Maayong Balita nga nagsulti nga, *"Kini lamang ang buot ko nga ipangutana kaninyo: gidawat ba ninyo ang Espiritu tungod sa mga buhat sa pagbantay sa Kasugoan, o pinaagi ba sa pagpatalinghug nga inubanan sa pagtoo? Nangahimo na ba gayud diay kamo nga ingon ka kulang sa pagsabut? Nakasugod na man unta kamo sa Espiritu, magpakatapus ba diay kamo karon sa lawas? Gisinati ba ninyo ang daghang mga butang sa wala lamay kapuslanan? –*

kon tinuod man ugaling nga kini walay kapuslanan. Busa unya, Siya nga nagahatag kaninyo sa Espiritu ug nagahimo sa mga milagro diha kaninyo, nagahimo ba siya niini tungod sa mga buhat sa pagbantay sa Kasugoan, o tungod ba sa pagpatalinghug nga inubanan sa pagtoo?" (Mga Taga-Galacia 3:2-5).

Iyang gipatigbabaw nga ang Maayong Balita ni Hesukristo nga iyang gitudlo tinuod kay kini usa ka pinadayag gikan sa Dios, ug ang rason nganong ang mga Hentil dili kinahanglan nga isirkonsisyon ang ilang lawas kay ang importante nga butang mao ang pagsirkonsisyon sa kasingkasing. Siya mitudlo sab kanila mahitungod sa mga tinguha sa unod ug sa katong iyaha sa Espiritu Santo, ug mahitungod sa mga buhat sa unod ug sa mga bunga sa Espiritu Santo. Kini mao aron nga tugotan sila nga makasabot kung unsaon kanila paggamit sa ilang kagawasan nga ilang naangkon pinaagi sa kamatuoran sa Maayong Balita.

Paglakaw pinaagi sa Espiritu

Unya, unsa man ang rason nganong ang Dios mihatag sa Kasugoan ni Moises? Kini tungod kay ang mga katawohan mga dautan kaniadto ug sila wala makaila sa ilang mga sala isip nga sala. Gitugotan sila sa Dios nga makasabot mahitungod sa mga sala, ug gitugotan sila nga masulbad ang ilang problema sa mga sala ug makab-ot ang pagkamatarung sa Dios. Apan ang problema sa mga sala dili hingpit nga maresolba pinagi sa mga buhat sa Kasugoan, ug tungod niining rasona, gitugotan sa Dios nga makab-ot sa mga katawohan ang pagkamatarung sa Dios pinaagi sa pagtoo kang Hesukristo. Ang Mga Taga-Galacia 3:13-14 mabasa nga, *"Gilukat kita ni Cristo gikan sa tunglo sa Kasugoan, sa diha nga nahimo siyang tunglo alang kanato kay nahisulat kini nga nagaingon, 'Matinunglo ang matag-usa nga pagabitayon diha sa kahoy' aron nga pinaagi kang Kristo Hesus ang panalangin kang Abraham mahiadto sa mga Hentil, aron nga pinaagi sa pagtoo kita makadawat sa gisaad nga Espiritu."*

Apan kini wala nagpasabot nga ang Kasugoan gibungkag. Miingon si Hesus sa Mateo 5:17 nga, *"Ayaw kamo paghunahuna nga mianhi Ako aron sa pagbungkag sa Kasugoan o sa mga Propeta; Ako mianhi dili sa pagbungkag kondili sa pagtuman niini,"* ug miingon sa masunod nga bersikulo 20 nga, *"Kay sultihan ko kamo, nga kon ang inyong pagkamatarung dili gani molabaw sa ila sa mga eskriba ug sa mga Pariseo, dili gayud kamo makasulod sa gingharian sa langit."*

Ang apostol nga si Pablo miingon sa mga tumuluo sa iglesia sa Galacia nga, *"Mga anak ko, alang kaninyo ginasakit ako pagusab hangtud nga si Kristo mahulad diha sa sulod ninyo"* (Mga Taga-Galacia 4:19), ug sa konklusyon siya mitabag kanila nga nagsulti nga, *"Kay kamo mga igsoon, gipanagtawag ngadto sa kagawasan; mao lamang nga dili ninyo paggamiton ang inyong kagawasan ingon nga pasangil sa pagtagbaw sa lawas, kondili nga pinaagi sa gugma mag-inalagaray kamo ang usa sa usa. Kay ang tibuok nga Kasugoan nalangkob diha sa usa ka sulti, nga mao kini, 'Higugmaa ang imong silingan ingon nga imong kaugalingon.' Apan kon kamo magpinahitay ug magtinukbanay ang usa sa usa, magbantay lang kamo nga dili kamo mangautut pinaagi sa usa ug usa"* (Mga Taga-Galacia 5:13-15).

Isip nga mga anak sa Dios nga nakadawat sa Espiritu Santo, unsa man ang atong buhaton aron masilbihan ang usag usa pinaagi sa gugma hangtud si Kristo maporma diha kanato? Kinahanglan kanatong molakaw pinaagi sa Espiritu Santo aron nga dili kanato mabuhat ang mga tinguha sa unod. Mahimo kanatong mahigugma ang atong mga silingan ug maangkon ang porma ni Kristo diha kanato kung atong mabunga ang siyam ka mga bunga sa Espiritu Santo pinaagi sa Iyang paggiya.

Si Hesukristo midawat sa panunglo sa Kasugoan ug namatay sa krus bisan pa nga Siya inonsente, ug pinaagi Kaniya nakaangkon kita og kagawasan. Aron nga ktia dili mahimong mga ulipon sa sala og usab, kinahanglan kanatong mabunga ang bunga sa Espiritu.

Kung magbuhat kita og mga sala og usab kauban niining kagawasan ug ilansang ang Ginoo og usab pinaagi sa pagbuhat og mga buhat sa unod, dili kanato mapanunod ang gingharian sa Dios. Sa sukwahi, kung mabunga kanato ang bunga sa Espiritu pinaagi sa paglakaw diha sa Espiritu, ang Dios magapanalipod kanato aron nga ang kaaway nga yawa ug si Satanas dili makadaot kanato. Dugang pa, madawat kanato ang unsang atong gipangayo sa pag-ampo.

"Mga hinigugma, kon ang atong mga kasingkasing dili magasudya kanato, nan, may pagsalig kita diha sa atubangan sa Dios; ug gikan Kaniya magadawat kita sa bisan unsa nga atong pangayo Kaniya. Ug ang Iyang sugo mao kini: nga kinahanglan magasalig kita sa ngalan sa Iyang Anak nga si Hesukristo ug maghigugmaay kita ang usa sa usa, sumala sa Iyang

gisugo kanato" (1 Juan 3:21-23).

"Kita sayud nga ang gipanganak gikan sa Dios dili magpakasala, apan ang Anak nga gipanganak gikan sa Dios nagabantay kaniya, ug ang dautan dili magahilabut kaniya" (1 Juan 5:18).

Mabunga kanato ang bunga sa Espiritu ug mangalipay sa tinuod nga kagawasan isip nga mga Kristohanon kung aduna kita'y pagtoo nga molakaw diha sa Espiritu ug pagtoo nga naglihok pinaagi sa gugma.

Ang una sa siyam nga mga bunga mao ang gugma

Ang unang bunga sa siyam ka mga bunga sa Espiritu mao ang gugma. Ang gugma sumala sa 1 Mga Taga-Corinto 13 mao ang gugma nga magpaugmad sa espirituhanon nga gugma samtang ang gugma isip nga usa sa mga bunga sa Espiritu Santo mao ang anaa sa mas taas nga lebel; kini walay kinutuban ug walay katapusan nga gugma, kung hain nagtuman sa Kasugoan. Kini mao ang gugma sa Dios ug ni Hesukristo. Kung maangkon kanato kining klase sa gugma, mahimo kanatong hingpit nga masakripisyo ang atong mga kaugalingon pinaagi sa katabang sa Espiritu Santo.

Mabunga kanato ang bunga sa kalipay sa gidak-on nga mapaugmad kanato kining klase sa gugma, aron nga kita makapangalipay ug managsadya sa tanang mga klase sa mga sirkumstansya. Niining paagiha, dili kita makaangkon og bisan unsang problema sa bisan kang kinsa, busa mabunga kanato ang bunga sa kalinaw.

Sa atong pagpabilin sa kalinaw kauban sa Dios, kauban sa atong kaugalingon, ug kauban sa tanang tawo, natural kanatong mabunga ang bunga sa pailob. Kining klase sa pailob nga gusto sa Dios mao nga dili kanato kinahanglan nga magpailob sa bisan unsang butanga kay kita adunay hingpit nga kamaayo ug kamatuoran diha sulod kanato. Kung aduna kita'y tinuod nga gugma, masabtan kanato ug madawat ang bisan unsang klase sa tawo nga dili mag-angkon og mangil-ad nga mga pagbati. Busa, dili na kanato kinahanglan nga magpasaylo o mag-antos diha sa atong kasingkasing.

Kung kita mapailobon sa uban sa kamaayo, mabunga kanato ang bunga sa pagkamapuanguron. Kung sa kamaayo kita mapailobon bisan pa sa katong mga katawohan nga dili gayud kanato masabtan, nan makapakita kita og pagkamapuanguron ngadto kanila. Bisan pa kung sila magbuhat og mga butang nga hingpit nga gawas sa manulungkad, masabtan kanato ang ilang panglantaw ug madawat sila.

Ang katong nagbunga sa bunga sa pagkamapuanguron moangkon sab sa kamaayo. Ilang hunahunaon ang uban nga mas maayo kaysa ilang mga kaugalingon ug magpangita para sa interes sa uban sama sa ilang kaugalingon. Sila dili makiglalis sa bisan kang kinsa, ug dili kanila padakuon ang ilang mga tingog. Sila moangkon sa kasingkasing sa Dios nga dili gani mobali bisan pa sa bagakay nga nabasag na o mopalong sa usa ka tawo nga morag pabilo nga nagakapid-ok na. Kung imong mabunga ang ingon nga bunga sa kamaayo, dili ka mopugos sa imong mga opinyon. Ikaw magmatinumanon lang sa tibuok balay sa Dios ug magmaaghop.

Ang katong maaghop dili mahimong kapangdolan sa bisan kang kinsa, ug sila makaangkon og kalinaw sa tanang tawo. Sila mag-angkon og manggihatagon nga kasingkasing aron nga sila dili mohukom o mokondena apan sabton lang ug daawton ang uban.

Aron nga mabunga ang bunga sa gugma, kalipay, kalinaw, pailob, pagkamapuanguron, kamaayo, pagkamatinumanon, ug kaaghop sa panag-uyon, kinahanglan adunay pagpugong sa kaugalingon. Ang kadagaya diha sa Dios maayo, apan ang mga buluhaton sa Dios kinahanglan nga matuman nga nagsunod sa sugo. Kinahanglan kanato ang pagpugong sa kaugalingon aron nga dili masobrahan og buhat ang bisan unsang butanga, bisan pa kung kini usa ka butang nga maayo. Sa atong pagsunod sa kabubut-on sa Espiritu Santo niining paagiha, ang Dios maghinungdan sa tanan nga magtinabangay alang sa kaayohan.

Nga sa maong mga butang walay kasugoan nga kabatok

Ang Katabang, ang Espiritu Santo, magadala sa mga anak sa Dios ngadto sa kamatuoran aron nga ilang mapangalipayan ang tinuod nga kagawasan ug kalipayan. Ang tinuod nga kagawasan mao ang kaluwasan gikan sa mga sala ug sa gahum ni Satanas nga nagsulay nga magpugong kanato gikan sa pagsilbi sa Dios ug pagpangalipay sa usa ka malipayon nga kinabuhi. Kini sab kalipayan nga naangkon pinaagi sa pagbuhat og pakig-ambitay kauban sa Dios.

Sumala sa gitala sa Mga Taga-Roma 8:2, *"Kay ang kasugoan sa makabuhi nga Espiritu pinaagi kang Kristo Hesus nagpahigawas kanimo gikan sa balaod sa sala ug sa kamatayon,"* kini mao ang kagawasan nga maangkon lang kung kita magtoo kang Hesukristo diha sa atong kasingkasing ug molakaw sa Kahayag. Kining kagawasan dili makab-ot pinaagig kusog sa tawo. Kini dili maangkon kung walay grasya sa Dios, ug kini usa ka panalangin nga padayon kanatong mapangalipayan hangtud nga atong ipabilin ang atong pagtoo.

Si Hesus miingon sab sa Juan 8:32, *"...ug kamo mahibalo sa kamatuoran, ug ang kamatuoran magahatag kaninyog kagawasan."* Ang kagawasan mao ang kamatuoran, ug kini dili magbag-o. Kini mahimong kinabuhi kanato ug magadala kanato ngadto sa kinabuhing dayon. Walay kamatuoran niining madunot ug nagbag-o nga kalibutan; ang walay pagbag-o lang nga Pulong sa Dios mao ang kamatuoran. Ang pagkahibalo sa kamatuoran mao ang pagtuon sa Pulong sa Dios, ipabilin kini sa hunahuna, ug ibutang kini sa buhat.

Apan kini mahimong dili kanunay nga sayon nga buhaton ang kamatuoran. Ang mga katawohan adunay mga kabakakan nga ilang natun-an sa wala pa sila nakaila sa Dios, ug ang ingon nga mga kamatuoran nagbabag kanila sa pagbuhat sa kamatuoran. Ang kasugoan sa unod nga nagtinguha nga sundon ang kabakakan ug ang kasugoan sa Espiritu sa kinabuhi nga nagtinguha nga sundon ang kamatuoran nagakasinupakay man batok sa usa sa usa (Mga Taga-Galacia 5:17). Kini mao ang pakigbugno aron nga maangkon ang kagawasan sa kamatuoran. Kining pakigbugno magpadayon hangtud nga ang atong pagtoo malig-on ug kita mobarog sa bato sa pagtoo nga dili gayud mauyog.

Sa atong pagbarog sa bato sa pagtoo, kini mabati nga mas sayon nga makigbugno sa maayong bugno. Inig salikway kanato sa tanang dautan ug mapabalaan, mao kana kung kanus-a kanato sa katapusan mapangalipayan ang kagawasan sa kamatuoran. Dili na kanato kinahanglan pa nga makigbugno sa maayong bugno kay kita magbuhat lang sa kamatuoran sa tanang panahon. Kung atong mabunga ang mga bunga sa Espiritu Santo pinaagi sa Iyang paggiya, walay bisan kinsa nga makapugong kanato sa pag-angkon sa kagawasan sa kamatuoran.

Mao kana nganong ang Mga Taga-Galacia 5:18 mabasa nga, *"Apan kon kamo ginamandoan sa Espiritu, kamo dili ilalum sa Kasugoan,"* ug ang masunod nga mga bersikulo 22-23 mabasa nga, *"Apan ang bunga sa Espiritu mao ang gugma, kalipay, kalinaw, pailob, pagkamapuanguron, pagkamaayo, pagkamatinumanon, kaaghop, pagpugong sa kaugalingon; nga sa maong mga butang walay kasugoan nga kabatok."*

Ang mensahe sa siyam sa mga bunga sa Espiritu Santo morag usa ka yawe aron nga maabli ang ganghaan sa mga panalangin. Apan kay tungod lang kay naangkon kanato ang yawe ang pultahan sa mga panalangin dili lang moabli sa iyang kaugalingon. Kinahanglan kanatong aktuwal nga ibutang ang yawe sa kandado ug ablihan kini, ug ang pareho nag-aplikar sab sa Pulong sa Dios. Bisan unsa kadaghan kanatong madungog, dili pa kini hingpit nga atua. Madawat kanato ang mga panalangin nga anaa sa Pulong sa Dios kung ato lang kini ibutang sa buhat.

Ang Mateo 7:21 nagsulti nga, *"Dili ang tanang magaingon Kanako, 'Ginoo, Ginoo,' makasulod sa gingharian sa langit, kondili ang nagatuman sa kabubut-on sa Akong Amahan nga anaa sa langit.* Ang Santiago 1:25 nagsulti nga, *"Apan siya nga nagatutok ngadto sa hingpit nga kasugoan, nga nagahatag sa kagawasan, ug nagapadayon siya sa pagtutok niini, sanglit dili man siya tigpaminaw ra nga nagakalimot kondili tigbuhat nga nagabuhat, siya panalanginan diha sa iyang pagbuhat."*

Aron nga madawat kanato ang gugma ug mga panalangin sa Dios, importante kini nga masabtan kung unsa ang mga bunga sa Espiritu Santo, ipabilin kini sa atong mga hunahuna, ug aktuwal nga magbunga niadtong mga bunga pinaagi sa pagbuhat sa Pulong sa Dios. Kung atong hingpit nga mabunga ang mga bunga sa Espiritu Santo, mapangalipayan kanato ang tinuod nga kagawasan diha sa kamatuoran. Tin-aw kanato nga madungog ang tingog sa Espiritu Santo ug magiyahan sa tanan kanatong mga padulongan, aron nga kita magmainuswagon sa tanang mga paagi. Nag-ampo ko sa ngalan sa Ginoo nga imong mapangalipayan ang dakung dungog pareho dinhi sa yuta ug sulod sa Bag-ong Herusalem, ang atong katapusan nga destinasyon sa pagtoo.

Ang Tagsulat:
Dr. Jaerock Lee

Si Dr. Jaerock Lee gipanganak sa Muan, Probinsiya sa Jeonnam, Republika sa Korea, kaniadtong 1943. Sa iyang kapin bayente nga pangedaron, si Dr. Lee nag-antos gikan sa nagkalainlain nga dili-matambalan nga mga sakit alang sa pito ka mga tuig ug naghuwat sa kamatayon uban sa walay paglaom ga maulian pa. Usa ka adlaw sa tingpamulak kaniadtong 1974, nan, gidala siya sa usa ka iglesia sa iyang igsoon nga babaye ug unya sa iyang pagluhod aron mag-ampo, ang Buhing Dios sa labing madali nag-ayo kaniya sa tanan niyang mga sakit.

Gikan sa takna nga si Dr. Lee nakaila sa Buhing Dios pinaagi sa katong makatingalahan nga kasinatian, gihigugma na kaniya ang Dios sa tanan niyang kasingkasing ug katangkod, ug kaniadtong 1978 gitawag siya aron mag-alagad sa Dios. Madilaabon siya nga nag-ampo aron tin-aw niyang masabtan ang pagbuot sa Dios, bug-os nga matuman niini ug magmasinugtanon sa tanan nga Pulong sa Dios. Sa kaniadtong 1982, gitukod kaniya ang Manmin Central Church sa Seoul, Korea, ug ang dili-maihap nga mga buhat sa Dios, lakip ang mga milagroso nga mga pagpangayo ug mga katingalahan, nahitabo sa iyang iglesia.

Sa kaniadtong 1986, si Dr. Lee giordinahan nga usa ka pastor sa Annual Assembly of Jesus' Sungkyul Church sa Korea, ug upat ka tuig sa ulahi kaniadtong 1990, ang iyang mga wali gisugdan og pagsibya sa Australia, Russia, ang Pilipinas ug daghan pa pinaagi sa Far East Broadcasting Company, ang Asia Broadcast Station, ug ang Washington Christian Radio System.

Tulo ka tuig sa ulahi kaniadtong 1993, napili ang Manmin Central Church nga usa sa mga 50 ka Pinakataas nga mga Iglesias sa *Christian World* magazine (US) ug siya nagdawat sa usa ka Honorary Doctorate of Divinity gikan sa Christian Faith College, Florida, USA, ug kaniadtong 1996 usa ka Ph. D. sa Ministry gikan sa Kingsway Theological Seminary, Iowa, USA.

Sukad kaniadtong 1993, si Dr. Lee nagpanguna sa kalibotan nga mga misyon sa daghang pangdayo nga mga krusada sa Tanzania, Argentina, L.A., Siudad sa Baltimore, Hawaii, ug Siudad sa New York sa USA, Uganda, Japan, Pakistan, Kenya, ang Pilipinas, Honduras, India, Russia, Germany, Peru, Demokratiko nga Republika sa Congo, Israel, ug Estonia. Sa kaniadtong 2002 gitawag siya nga "tibuok kalibotan nga pastor" sa mga mayor nga Kristiyano sa mga pamantalaan sa Korea alang sa iyang buhat sa nagkalainlain nga pangdayo nga Great United Crusades.

Kutob sa Enero tuig sa 2016, ang Manmin Central Church adunay kongregasyon nga labi sa 120,000 nga mga miyembro. Adunay 10,000 nga pungsod ug sa pangdayo nga sanga sa mga iglesia sa tibuok nga globo, ug sa kalayuon labi sa 102 nga mga misyonaryo ang nakomisyon ngadto sa 23 ka mga pungsod, lakip ang Estados Unidos, Russia, Germany, Canada, Japan, China, France, India, Kenya, ug daghan pa.

Kutob sa petsa niining pagmantala, si Dr. Lee nakasulat na ug 100 ka mga libro, lakip ang mga pinakamabenta nga *Ang Pagtilaw sa Walay-Katapusan nga Kinabuhi Sa Wala Pa ang Kamatayon, Akong Kinabuhi Akong Pagtoo I & II, Ang Mensahe sa Krus, Ang Sukod sa Pagtoo, Langit I & II, Impiyerno,* ug *Ang Gahom sa Dios,* iyang mga binuhatan nga gihubad sa labi sa 75 nga mga lengguwahe.

Ang iyang Krisityano nga mga kolumna naggula sa *The Hankook Ilbo, The JoongAng Daily, The Dong-A Ilbo, The Munhwa Ilbo, The Seoul Shinmun, The Kyunghyang Shinmun, The Korea Economic Daily, The Korea Herald, The Shisa News,* ug *The Christian Press.*

Si Dr. Lee mao ang sa pagkakaron nagpanguna sa daghang misyonaryo nga mga organisasyon ug mga asosasyon: lakip ang Chairman, The United Holiness Church of Hesus Christ; Permanent President, The World Christianity Revival Mission Association; Founder & Board Chairman, Global Christian Network (GCN); Founder & Board Chairman, World Christian Doctors Network (WCDN); and Founder & Board Chairman, Manmin International Seminary (MIS).

Uban pang makagagahom nga mga libro sa samang tagsulat

Langit I & II

Imbetasyon ngadto sa Balaan nga Siudad sa Bag-ong Herusalem, kon asa ang dose ka mga ganhaan gibuhat sa nagpangidlap nga mga perlas, nga anaa sa taliwala sa halapad nga langit nga nagsidlak og makidlapon sama sa mabilihon kaayo nga mga alahas.

Ang Mensahe sa Krus

Usa ka makagagahom nga kahimungawong mensahe alang sa tanan nga tawo kon kinsa espirituwal nga nakatulog! Sa kining libro makita kanimo ang rason nga si Hesus ang bugtong nga Manluluwas ug ang tinuod nga hinigugma sa Dios.

Impiyerno

Usa ka maikagon nga mensahe sa tanan nga katawhan gikan sa Dios, kon kinsa nagpangandoy nga walay bisan usa ka kalag ang mahagbong ngadto sa kailauman nga mpiyerno! Imong makaplagan ang wala-pa-mapabutyag nga mga pag-asoy sa mapintas nga realidad sa Ubos nga Hades ug Impiyerno.

Espiritu, Kalag, ug Lawas I & II

Pinaagi sa espirituhanon nga pagsabot sa espiritu, kalag, ug lawas, kung hain mao ang mga bahin sa mga tawo, ang mga mambabasa makatan-aw sa ilang 'kaugalingon' ug mag-angkon og panabot sa kinabuhi mismo.

Ang Sukod sa Pagtoo

Unsa nga klase sa puluy-an nga duog, korona ug mga balos ang giandam alang kanimo sa langit? Kining libro naghatag uban ang kaalam ug ang pag-agak alang kanimo aron masukod ang imong pagtoo ug mapa-ugmad ang pinakamaayo ug pinakaguwang nga pagtoo.

Magmata Israel

Nganong gitutok man sa Dios ang Iyang mata sa Israel gikan pa sa sinugdan sa kalibotan hangtud niiining adlawa? Unsa man nga klase sa Iyang kabubut-on ang giandam alang sa Israel sa ulahing mga inadlaw, kon kinsa naghuwat sa Misiyas?

Akong Kinabuhi, Akong Pagtoo I & II

Usa ka pinakahumot nga espirituwal nga alimyon nga gipuga gikan sa kinabuhi nga namulak uban sa usa ka dili maparisan nga gugma alang sa Dios, taliwala sa ngitngit nga mga balod, bugnaw nga pas-anon ug ang pinakailalom nga kawalay.

Ang Gahom sa Dios

Usa ka kinahanglan-mabasa nga nagsilbi nga usa ka mahinungdanon nga giya kon asa ang usa makakupot sa tinuod nga pagtoo ug makasinati sa makahingangha nga gahom sa Dios.

www.urimbooks.com

www.ingramcontent.com/pod-product-compliance
Lightning Source LLC
LaVergne TN
LVHW041758060526
838201LV00046B/1046